30秒探索 爱因斯坦

每天30秒
探索关于爱因斯坦工作、生活和贡献的
50个基本知识

主编
[英] 布莱恩·克莱格
（Brian Clegg）

参编
[英] 菲利普·波尔（Philip Ball）
[英] 利昂·克利福德（Leon Clifford）
[英] 罗德里·埃文斯（Rhodri Evans）
[英] 安德鲁·梅（Andrew May）

译者
崔向前　曹峰

机械工业出版社
CHINA MACHINE PRESS

Brian Clegg，30-Second Einstein
ISBN: 978-1-78240-387-6
Copyright © The Ivy Press Limited 2016
Simplified Chinese Translation Copyright ©2023 by China Machine Press. This edition is authorized for sale in the Chinese mainland (excluding Hong Kong SAR, Macao SAR and Taiwan).
No part of this book may be reproduced or transmitted in any form or by any means, electronic or mechanical, including photocopying, recording or by any information storage and retrieval system, without permission in writing, from the publisher.
All rights reserved.

本书中文简体字版由机械工业出版社在中国大陆地区（不包括香港、澳门特别行政区及台湾地区）独家出版发行。未经出版者书面许可，不得以任何方式抄袭、复制或节录本书中的任何部分。

北京市版权局著作权合同登记 图字：01-2017-8441号

图书在版编目（CIP）数据

爱因斯坦 /（英）布莱恩·克莱格（Brian Clegg）主编；崔向前，曹峰译. — 北京：机械工业出版社，2022.11

（30秒探索）

ISBN 978-7-111-72365-3

Ⅰ. ①爱… Ⅱ. ①布… ②崔… ③曹… Ⅲ. ①爱因斯坦（Einstein, Albert 1879-1955）—传记 Ⅳ. ①K837.126.11

中国版本图书馆CIP数据核字（2022）第253833号

机械工业出版社（北京市百万庄大街22号　邮政编码100037）
策划编辑：汤　攀　　　　　责任编辑：汤　攀
责任校对：张亚楠　张　薇　封面设计：鞠　杨
责任印制：张　博
北京利丰雅高长城印刷有限公司印刷
2023年2月第1版第1次印刷
148mm×195mm · 4.75印张 · 174千字
标准书号：ISBN 978-7-111-72365-3
定价：59.00元

电话服务	网络服务
客服电话：010-88361066	机　工　官　网：www.cmpbook.com
010-88379833	机　工　官　博：weibo.com/cmp1952
010-68326294	金　书　网：www.golden-book.com
封底无防伪标均为盗版	机工教育服务网：www.cmpedu.com

目 录

译者序
前言

1 **核心物质**
- 2 术语
- 4 便捷的假设
- 6 确定分子大小
- 8 统计力学探险
- 10 布朗运动
- 13 人物传略：萨特延德拉·玻色
- 14 佩兰粒子
- 16 玻色—爱因斯坦统计
- 18 玻色—爱因斯坦凝聚态

21 **量子冒险**
- 22 术语
- 24 爱因斯坦改变物理学
- 26 量子光电效应
- 28 密立根实验
- 30 量子振动
- 33 人物传略：马克斯·普朗克
- 34 波粒二象性
- 36 受激辐射

39 **狭义相对论**
- 40 术语
- 42 从专利局技术员到发现相对论
- 44 光的想象
- 46 论动体的电动力学
- 48 告别以太
- 51 人物传略：赫尔曼·闵可夫斯基
- 52 同时性
- 54 长度、时间和质量
- 56 时空

59 **爱因斯坦和世界**
- 60 术语
- 62 能量与惯性
- 64 $E=mc^2$
- 66 链式反应
- 69 人物传略：利奥·西拉德
- 70 让爱因斯坦的公式成为现实
- 72 给罗斯福的信
- 74 呼吁和平
- 76 爱因斯坦的专利

79 **挑战量子力学**
- 80 术语
- 82 给玻恩的信
- 84 爱因斯坦窄缝实验
- 86 称重光子实验
- 88 隐变量
- 91 人物传略：尼尔斯·玻尔
- 92 EPR悖论
- 94 量子纠缠的胜利
- 96 现实主义与现实

99 **广义相对论**
- 100 术语
- 102 突破惯性系
- 104 最快乐的想法
- 106 变重的钟
- 108 时空弯曲
- 111 人物传略：亚瑟·爱丁顿
- 112 需要新的数学理论
- 114 希尔伯特的挑战
- 116 引力场方程
- 118 爱丁顿实验

121 **爱因斯坦的宇宙**
- 122 术语
- 124 黑洞
- 126 引力透镜
- 128 引力波
- 130 宇宙常数
- 132 不断膨胀的宇宙
- 134 虫洞
- 136 惯性系拖曳效应和时空旅行
- 139 人物传略：约翰·惠勒
- 140 统一场论

译者序

> 科学是永无止境的,它是一个永恒之谜。
>
> ——爱因斯坦

科学家们从未停止过寻找终极真理——用一个统一的理论来解释宇宙万物。从伽利略的绝对时空"相对论",到牛顿经典力学的划时代诞生,到爱因斯坦相对论暂时一统江湖,再到量子力学横空出世,科学的发展从未停止脚步,一次次颠覆人类对世界的认知。

在物理学发展史中崭露头角的一众高手里,爱因斯坦堪称绝世高手,虽无门无派,却名动天下。1905年,年仅26岁的爱因斯坦一连发表了四篇重量级论文,从微观层面探讨原子大小的测量以及解释光电效应,到从宏观层面提出了狭义相对论,更进一步推导出质能方程,即全世界最著名的等式之一:$E=mc^2$。任凭其中任何一篇论文,都足以留名青史,这一年也因此被称为"爱因斯坦奇迹年"。但这还只是爱因斯坦"称霸武林"的开始。十年后的1915年,爱因斯坦又提出了广义相对论。在接下来的几十年里,爱因斯坦又发表了多篇著名论文,为物理学的发展做出了不可磨灭的贡献,成为人类科学发展史上的不朽传奇。

20世纪物理学发生跨越式发展,诞生了两个伟大的理论——相对论和量子力学,这其中都有爱因斯坦的身影。广义相对论对于宇宙宏观层面的解释和预测取得了空前的成功,科学家们已经观测到了黑洞与引力波,证实了广义相对论的预测;量子力学在微观层面也大放异彩,激光、晶体管、原子能这些量子力学在微观尺度上的运用极大地改变了我们的生活。相对论和量子力学这两个理论在各自的领域都取得了巨大的成功,但是二者却似乎不能兼容、各自独立。量子力学无法描述重力,广义相对论不能解释原子和分子的运动。但科学家们一直在尝试用一个统一的理论来解释宇宙万物,试图找到一种理论来把广义相对论和量子力学统一起来,这可能是未来物理学又一划时代意义的突破。

爱因斯坦开创了现代科学技术新纪元,被公认为是继伽利略、牛顿之后最伟大的物理学家之一。但爱因斯坦与很多著名科学家都有学术争端。爱因斯坦在解释光电效应时提出了光量子假说,成为量子理论的奠基人之一。但当玻尔等人将量子理论发扬光大时,爱因斯坦对却难以接受,毕竟,"上帝怎么可能掷骰子?"量子的运动怎么能是随机的呢?爱因斯坦直到去世都不接受量子力学哥本哈根学派的解释。然而诸多实验都证明爱因斯坦错了。这听起来难以置信,但在人类艰难探索科学理论的伟大旅程中,也正是这些伟大科学家的思想交锋,才能不断碰撞出真理的火花,光华四射,落入永恒。

爱因斯坦的一生,不仅为科学研究作出了巨大贡献,而且也一直在为世界和平积极奔走。他是第一次世界大战时在反战请愿书上签字的四位德国科学家之一。他反对一切战争、反对法西斯,因此被迫离开德国。为了防止纳粹德国抢先掌握原子弹,他与其他科学家建议美国抓紧原子能研究,但当看到原子弹爆炸的巨大威力时,他认为自己犯下了一生中最大的错误。二战后,他反对美国制造氢弹和扩军备战。在离世前一周,他与哲学家伯特兰·罗素联名发表"罗素—爱因斯坦宣言",强调核武器的危害,呼吁世界和平。

非常有幸翻译本书,翻译的过程其实也是译者学习和改变认知的过程。此书专业性较强,译文若有不当之处,恳请读者朋友们批评指正。

真诚希望本书能够帮助读者系统了解爱因斯坦的生平及研究成果,探索他精彩、辉煌的一生。也希望本书能够激发读者对科学的兴趣,站在巨人的肩膀上换一个视角重新认识这个世界,或许会看到不一样的风景。

前言
布莱恩·克莱格（Brian Clegg）

我们很容易把阿尔伯特·爱因斯坦视为一个孤独的科学先驱，一个改变我们对世界认知的天才。然而，正如科学历史学家松尼·克里斯蒂（Thony Christie）所言："不存在孤独的天才；科学是一项集体的、合作的事业。"当然，爱因斯坦也不是孤立进行研究的，他的理论也建立在前人的研究成果之上。但就个人对物理学的贡献而言，也许只有牛顿才能与爱因斯坦并驾齐驱。

也许因为爱因斯坦是第一位受到如此多的媒体赞誉和吹捧的科学家，所以经常有人试图贬低他的理论。科学传播领域的每一个工作者都会定期收到一系列企图证明爱因斯坦错误的书籍和文章。并且，很奇怪的是，2013年《观察家报》评出了历史"十大"物理学家，爱因斯坦仅排在第四位，在牛顿、玻尔和伽利略之后。尽管有些科学家确实得到了与其科学贡献完全不成比例的媒体关注度，但爱因斯坦绝不在此列。

四篇重要论文

当他甚至还不是一个学者时（当时为瑞士伯尔尼专利局职员），爱因斯坦在一年内（1905年）发表了具有划时代意义的四篇论文。其中第一篇解释光电效应机制的论文为他赢得了诺贝尔奖。这听起来可能无关紧要，但是却打响了量子物理学的"第一枪"。第二篇描述了布朗运动的原理，即悬浮在水面的细小微粒（如花粉颗粒）在水面无规则地运动。布朗运动证明了原子的存在性，虽然原子的概念在当时还备受争议。第三篇论文提出了狭义相对论。第四篇论文提出了著名的描述质量与能量之间关系的质能方程，即全世界最著名的等式：$E=mc^2$。这些成就都发生在爱因斯坦继续推进量子物理学研究和通过广义相对论解释引力之前。

爱因斯坦从来就不是一个"随大溜儿"的人。他不喜欢德国学校里的纪律和教条，在他十几岁时就放弃了德国国籍。直到30岁时他才获得了第一个教职。终其一生他都是一个坚定的和平主义者。

本书框架

每个话题都通过细腻精练的一段话简明扼要地解释说明：即"the 30-second theory"（"30秒钟理论"）。为了更加突出主题，在该段话旁边还有"3秒钟速览"，用一句话展示段落核心，同时还有"3分钟详解"拓展主题，讨论理论的结果或者引出该理论古怪而有趣的一面。每一章还包含一名爱因斯坦的关键工作伙伴或者相关领域内先驱的简介——比如闵可夫斯基、玻尔和玻色。

"核心物质"部分先让读者对爱因斯坦的理论有一个宏观认识，了解他早期对原子的钻研和他如何运用统计学描述原子的运动。接着是"量子冒险"部分，探寻他在发现狭义相对论之前对量子物理学所做的奠基性贡献。接着是"狭义相对论"部分，揭示了恒定的光速改变时间和空间的关系，并使得爱因斯坦洞悉质量和能量的关系，这正是核弹和核电背后的物理原理。紧接着，通过"爱因斯坦和世界"部分，你会发现爱因斯坦和世界的关联，包括刚才提到的核弹及核电，甚至还包括他的一项用于冰箱的匪夷所思的专利。

接下来，在"挑战量子力学"中让我们看看爱因斯坦如何挑战与他同时代的科学家们，特别是预测了量子理论的尼尔斯·玻尔，这些挑战使爱因斯坦无意间发现了"量子纠缠"这一非凡现象。"广义相对论"部分讲述了他的大师级代表作——广义相对论，"爱因斯坦的宇宙"部分讲述广义相对论如何改变我们对宇宙的理解。

爱因斯坦的研究包罗万象，巧妙地涵盖了原子的微观世界和量子理论所展现的宇宙边界。

核心物质 ❶

核心物质
术语

阿伏伽德罗常量 也称为阿伏伽德罗常数,指的是一"摩尔"的物质中所含的原子或分子的数量,该常量定义值是12克纯碳分子所含的原子数量,近似值为 6.022×10^{23}。19世纪的科学家阿莫迪欧·阿伏伽德罗提出气体的体积(在某温度与压力下)与所含的分子或原子数量成正比。当20世纪计算出该常量时,人们就以阿伏伽德罗命名它。

胶体科学 "胶体"(colloid)一词源自希腊语中的"胶"[κόλλα (kólla, "glue") + -oid],意思是胶黏状或凝胶状的物体。胶体在另一种物质中通常形成不溶于该物质的悬浊状态。胶体科学的研究领域涵盖了悬浮颗粒的运动,即布朗运动。

对流效应 当流体内不同区域的温度不同时,流体内的原子或分子会发生运动,使得移动更快、温度更高的微粒上升,而移动更慢、温度更低的微粒下降,从而形成大致均匀的混合。这种产生于流体内部的运动就叫作"对流",是许多自然现象的成因。

杜隆-珀蒂定律 在19世纪早期(1819年),法国物理学家皮埃尔·杜隆和阿列克西·珀蒂发现晶体升温1℃所需要的热量与其原子重量成正比,即1摩尔的物质升温1℃所需要的热量是一个常数。这个定律就是杜隆-珀蒂定律,爱因斯坦将该定律解释为量子振动产生的结果。

整数量子自旋 量子粒子有一种类似角动量(一个旋转体的"吸引力")的内禀性质,叫作"自旋",尽管量子自旋并不是指量子粒子实际上的旋转。描述自旋大小的量被称为自旋量子数,这个数是被量子化的。自旋量子数是整数或者半整数,例如0、1/2、1、3/2等。费米子(比如电子或夸克)的自旋量子数为半整数,取值为1/2、3/2、5/2等,玻色子(比如光子或胶子)的自旋量子数为整数。

渗透压 在渗透作用中，两种不同浓度的溶液被一层薄膜隔开，溶剂可以透过半透膜，但是溶质无法透过。渗透作用就是溶剂从浓度较低的溶液向浓度较高的溶液移动，直到两边的溶液达到一样的浓度的过程。渗透作用在生物学中非常重要，通常是用半透膜作为隔膜。渗透压指的是为了阻止溶剂从低浓度溶液一侧渗透到高浓度溶液一侧而施加的压力，这个压力体现了渗透作用的力量。

等离子体振子 一种出现在等离子体或金属体中的准粒子。持续加热气体直到围绕原子的电子被剥离出来成为自由的粒子，成为电子和正离子的混合物，这种电离的过程形成了等离子。自由的电子发生运动，形成了电流。如果少量的电子被拉着朝某一方向移动后再释放，这部分被移动的电子会被拉回到自然静止的位置。就像弹簧一样，这种运动会产生振动，就好像（实际上不是）被量子粒子所带动。等离子振动会影响物质材料的性质，比如在振动频率之上时，材料在光照下会变得透明。

准粒子 一些晶体固体中的振子看起来就像量子粒子，能穿透物质。尽管没有物理粒子能独立于物质，这些准粒子的表现就像量子粒子一样。准粒子包括声子、激子（电子及其在半导体中留下的空穴的组合）、磁振子（晶体中电子自旋的集体行动，导致永久的磁力）和等离子体振子（见等离子体振子定义）。

生机说 区别生物和非生物的早期解释，认为生物被生命力激发生机活力，这种理论也被称为活力论。活力论早期被错误地用于解释布朗运动，即在显微镜下观察到的花粉颗粒在水面上的无规则运动。

便捷的假设

the 30-second theory

认为原子是物质的基本组成部分的观念至少可以追溯到公元前5世纪的希腊哲学家留基波和德谟克利特,但是人们对于原子却有几种不同的理解。一些学者,如艾萨克·牛顿和18世纪的瑞士物理学家丹尼尔·伯努利,认为原子是真实但不可见的微小粒子。另一些学者则把原子视作一种"便捷的假设",就像"国境线"一样,有助于研究物理现象但却不是一种真实的物理存在。直到19世纪末期,许多科学家都是在字面意义上使用原子一词,却没有证明原子存在的直接证据——原子就像我们现在所讲的暗物质,是一种科学假设。当路德维希·玻尔兹曼在1870—1890年间研究他的气体"动力学"时,他假设气体是剧烈运动的原子。他的假设遭到了原子理论怀疑者威廉·奥斯特瓦尔德和恩斯特·马赫的反对,后者认为能量才是基本物质,以及科学不应当接受不能被直接感知的概念。这些批判使玻尔兹曼感到沮丧和被边缘化。根据爱因斯坦的传记作者亚伯拉罕·派斯的说法,"很难想象,处境艰难的玻尔兹曼展示了严肃但又俏皮的精神,这给了爱因斯坦启发,同样靠着这种精神,爱因斯坦解决了原子存在性的问题。"可以说,爱因斯坦有着将原子理论发扬光大所需的品格。

3秒钟速览

直到1900年,都没有原子存在的直接证据,没人能够确定原子是真实存在的客体或只是一个有用的虚构概念。

3分钟详解

1890年瑞利勋爵估算了原子的大小(准确地说是分子)。他把一滴橄榄油滴在水面上,假设这滴橄榄油薄膜在扩展到最大面积时的厚度为一个分子大小。他的估算值为16×10^{-8}厘米,这个值与德国女科学家阿格尼斯·波克尔两年后计算的值相近,也与现代测量值非常接近——但是,即便如此他也没有原子和分子真实存在的直接证据。

相关理论

确定分子大小　6页
布朗运动　10页
佩兰粒子　14页

3秒钟人物

德谟克利特
DEMOCRITUS
约前460—约前370
希腊哲学家,被认为是"原子之父"。

约翰·道尔顿
JOHN DALTON
1766—1844
英国化学家,1803年提出近代原子理论。

恩斯特·马赫
ERNST MACH
1838—1916
奥地利物理学家,20世纪早期原子假设怀疑论者的领军人物。

本文作者

菲利普·波尔
Philip Ball

约翰·道尔顿采用古老的原子概念来解释化学元素的性质。

确定分子大小

the 30-second theory

3秒钟速览

爱因斯坦1905年在苏黎世大学的博士论文中描述了一种测量分子大小的新方法，为原子的存在提供了间接的证据。

3分钟详解

在其论文中，爱因斯坦估算的一个糖分子的大小是相当准确的（计算值为1纳米，即10^{-9}米）。但是他计算的阿伏伽德罗常量是$2.1×10^{-23}$，这个值太小了，比公认的值小了三倍。部分原因是爱因斯坦的计算有错误，这个错误被他的学生路德维希·霍普夫在1911年指出。爱因斯坦重新做了计算并得到了一个与现在的公认值非常接近的数据。即使是爱因斯坦有时也会犯错。

在爱因斯坦学术生涯早期，他有可能被误认为是一个化学家。他的大部分研究兴趣都集中在原子和分子上——它们到底有多大，它们之间的作用力是怎样的，它们在固体、液体和气体中是如何运动的。爱因斯坦的第一篇论文是1901年在苏黎世大学提交的，这篇论文现已遗失。令人惊奇的是，尽管这篇论文很可能是关于分子力学的，但到底写了些什么已不得而知。基于并不十分清楚的原因，爱因斯坦于1902年撤回了这篇论文，并根据自己的选题在1905年7月重新提交了一篇新论文。还是关于分子的，准确地说，这篇新论文描述了一种测算分子大小和一摩尔物质所含的分子数量（现在称为阿伏伽德罗常量）的新方法。他独辟蹊径，研究方法利用了流体运动理论和渗透压理论，还涉及扩散理论的某些方面。扩散理论研究分子和细小微粒随机的、热量驱动的运动，该理论在后来爱因斯坦关于布朗运动的研究中又被提及。爱因斯坦的这篇论文是纯理论性的，在理论物理的有效性得到认可前，他这么做是很有风险的。这篇论文在8月被苏黎世大学通过，同年发表于德国物理学期刊《物理学年鉴》。

相关理论

便捷的假设 4页
统计力学探险 8页

3秒钟人物

阿尔弗莱德·克莱纳
ALFRED KLEINER
1849—1916
瑞士实验物理学家，爱因斯坦的博士论文导师，是继海因里希·韦伯后爱因斯坦的第二任导师。

威廉·萨瑟兰
WILLIAM SUTHERLAND
1859—1911
澳大利亚物理学家，据说在他那个时代是分子物理领域内伟大的专家，在1905年提出了一种与爱因斯坦使用的方法类似的测算分子质量的方法。

本文作者

菲利普·波尔
Philip Ball

在他的博士论文中，爱因斯坦使用了流体运动规律测算了分子的大小。

统计力学探险

the 30-second theory

3秒钟速览

爱因斯坦早期的研究探寻了物质可以被观察到的热力学性质与物质分子间相互作用的统计表现以及分子热运动理论之间的联系。

3分钟详解

对于物理学而言，统计学原理相较于相对论和量子理论，可以说是更加基础的部分。统计学中的一些概念，比如被称为"相变"的状态发生的突然改变，以及被称为"临界点"的"不稳定且随机波动"的节点，都有广泛应用，涵盖领域包括核物理、超导、高分子物理，甚至人群运动规律。从根本上讲，这些概念体现了各组成部分间的相互作用是如何产生集体行为的。

爱因斯坦对于人类对物质性质的认知所作出的贡献，似乎被他在相对论和量子理论奠基上的巨大成就所掩盖，但是这些成果本身已经是非凡的科学成就了。爱因斯坦在这个领域的很多早期研究都建立在詹姆斯·克拉克·麦克斯韦和路德维希·玻尔兹曼的研究基础之上，用物质原子和分子间的运动和相互作用力来解释固体、液体、气体的整体性质。这些研究是对统计学的"一次运用"，解释了大量分子的平均行为如何导致了压力和密度等可见现象，以及联系分子行为和现象的热力学定律。这显示了力学的世界观甚至延伸到了对物质似乎最基本的描述上。

1902~1904年期间，爱因斯坦发表了三篇论文，试图把统计力学的基础打得再牢固些。后来他把这些理论和麦克斯·普朗克量子假说里的原子振动结合起来，解释固体比热容。比热容指物质吸收热量的容易程度，长期通过杜隆-珀蒂定律实证描述，但爱因斯坦在1907年通过一个简单的模型来分析量子振动，对比热容进行了可靠的解释。

相关理论

确定分子大小　6页
布朗运动　10页
量子振动　30页

3秒钟人物

约西亚·威拉德·吉布斯
JOSIAH WILLARD GIBBS
1839—1903
美国化学家，他在1902年发表的著作被认为是经典统计力学的奠基之作。

路德维希·玻尔兹曼
LUDWIG BOLTZMANN
1844—1906
奥地利物理学家，是在原子假设基础上研究微观统计理论的先驱。

本文作者

菲利普·波尔
Philip Ball

通过运用统计学，爱因斯坦预言物质的行为是众多原子和分子的行为组合。

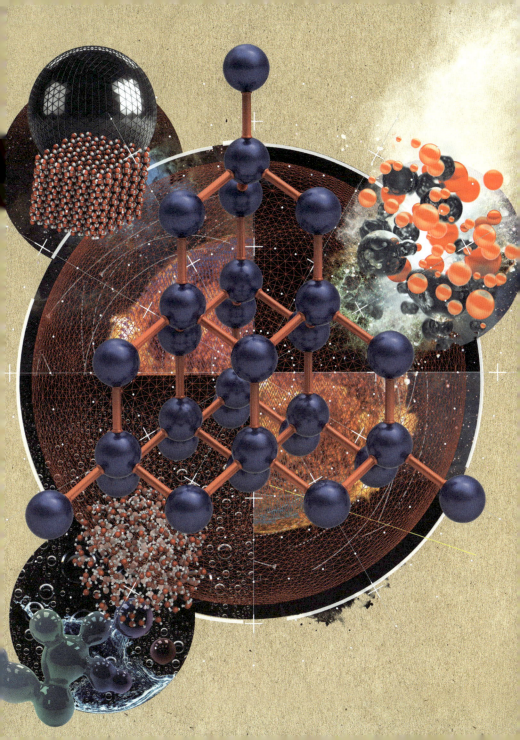

布朗运动

the 30-second theory

3秒钟速览

爱因斯坦从悬浮在水面上的花粉微粒与周围的水分子发生碰撞的角度解释了花粉微粒随机移动的"布朗"运动。

3分钟详解

布朗运动是"随机游走"的一个经典例子：运动的方向是随机的。在1900年，即爱因斯坦的经典论文发表前5年，法国物理学家路易斯·巴舍利耶提出股票价格的变动符合"随机游走"。他对于经济波动的数学处理方法与爱因斯坦的研究类似。他的方法被认为开创了"经济物理学"，即通过物理的理念来研究经济学。

1828年，植物学家罗伯特·布朗观察到悬浮在水面上的花粉微粒在显微镜下进行无规则的剧烈运动，他起初认为这种运动揭示了传统生机说（活力论）所主张的生物基本的"生命力"。然而，他后来发现无生机的微粒也有同样的运动，所以这种快速运动与生命无关。那它又是什么造成的呢？在整个19世纪，人们提出了用对流效应、蒸发作用、电动力等来解释布朗运动，但都证明是错误的。直到1905年，爱因斯坦给出了令人信服的解释。他说，像这么小的微粒，与周围溶剂中分子碰撞产生的热运动不能在所有方向上都达到平衡，所以这些微粒会向某个方向偏斜。爱因斯坦的论文根据分子热运动原理，第一次对液体中扩散效应进行了彻底的研究。该论文最后指出了如何通过测量一个微粒随时间推移的平均位移来测算分子的大小。爱因斯坦在论文中写道，假如他的推测是错的，那么整个分子热力学都将站不住脚。

相关理论

便捷的假设　4页
佩兰粒子　14页

3秒钟人物

罗伯特·布朗
ROBERT BROWN
1773 — 1858
植物学家，他对植物和细胞的微观研究使他观察到了悬浮微粒无规则的运动。

路易斯·乔治·古伊
LOUIS GEORGES GOUY
1854 — 1926
法国物理学家，对布朗运动进行了大量观察，爱因斯坦在1906年对其观察结果进行了引用，一定程度上证实了他的理论。

本文作者

菲利普·波尔
Philip Ball

水分子的"随机舞动"导致（并解释）了更大且可见的悬浮在水中微粒的运动。

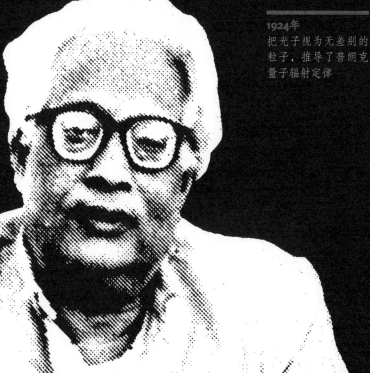

1894年1月1日
出生于印度加尔各答

1913年
在加尔各答的总统大学取得应用数学学士学位

1915年
在加尔各答的总统大学取得应用数学硕士学位

1915年
与乌沙巴蒂·高绪（Ushabati Ghosh）结婚

1916年
加入加尔各答大学担任研究型讲师

1919年
首次把爱因斯坦狭义相对论和广义相对论的德语论文译成英文

1921年
在达卡大学物理学系任教

1924年
把光子视为无差别的粒子，推导了普朗克量子辐射定律

1924年
在欧洲的X—射线和晶体学实验室里工作了两年

1926年
返回达卡大学，升任教授和物理学系主任

1945年
返回加尔各答

1956年
在加尔各答大学退休，退休时被授予荣誉教授头衔

1956年
在维斯瓦-巴拉蒂大学担任副校长

1958年
返回加尔各答大学继续进行研究

1974年2月4日
在加尔各答去世，享年80岁

人物传略：萨特延德拉·玻色

SATYENDRA BOSE

萨特延德拉·纳特·玻色出生于印度的加尔各答，在家中排行老大，有6个妹妹。他们家后来搬到果阿班甘（Goabagan），玻色先是在那里的新印度学校学习，之后又到著名的印度教学校就读。他在加尔各答总统大学（Presidency College）的入学考试中获得第五名，决定学习科研方法方向，主攻专业是应用数学。玻色在1913年获得了学士学位，1915年他获得了硕士学位（也是应用数学专业），都以名列前茅的成绩毕业。因为成绩优异，在1916年他被聘为加尔各答大学的研究讲师。

他对当时刚出现的量子力学和相对论这两个领域产生了兴趣，在1919年首次把爱因斯坦的一些论文翻译成英文，这些论文原先都是用德语发表的。1921年，他转到达卡大学物理学系任教。1924年，他使用全新的方法写了一篇推导普朗克量子辐射定律的论文，这种方法假设光子是不能被分辨出来的粒子，运用新的统计手段来描述这种光子。玻色的论文没有被任何物理学刊发表，所以他把作品寄给爱因斯坦，爱因斯坦马上就认识到玻色论文的重要性，将其翻译成德文并提交《德国物理学刊》发表。在爱因斯坦的支持下，玻色得以前往欧洲并与居里夫人和路易·德布罗伊等当时的著名物理学家共事。

玻色于1926年回到达卡大学，在爱因斯坦的支持和推荐下，尽管没有博士学位，他还是被升职为教授，并很快担任物理学系主任。他一直在达卡大学任教，后返回加尔各答。后来他一直在加尔各答大学任职直到1956年退休，但很快被维斯瓦-巴拉蒂大学聘为副校长。两年后，玻色又返回加尔各答大学继续进行学术研究，直到1974年离世，享年80岁。

罗德里·埃文斯
Rhodri Evans

佩兰粒子

the 30-second theory

爱因斯坦于1905年关于悬浮在水面上的微粒作随机布朗运动的研究论文，预测了微粒在指定时间内能运动的平均距离。在室温下，直径1微米（1/1000毫米）的粒子1分钟内运动的距离大概是6微米。爱因斯坦说："我们希望有研究者能很快验证这个预测。"但这是个艰巨的挑战，需要通过显微镜进行非常细致的观察。幸运的是，有人不久前发明了解决的方法。1902年，理查德·席格蒙迪在德国耶拿城丘德·吉诺森玻璃厂任职时，发明了一种叫作超显微镜的装置，通过用强光束照射样本，超显微镜可以很清楚地展示布朗运动。1906年，很多科学家试图用超显微镜来验证爱因斯坦的理论，做得最好的是巴黎索邦大学的法国科学家让·佩兰。他准备了尺寸精确并且用橙黄色染料着色的粒子，通过测量这些粒子的布朗运动，在1908年证实了爱因斯坦的推测。爱因斯坦非常高兴，他之前并没想到试验这么快就能达到必要的精度。一年后，席格蒙迪获得了诺贝尔化学奖。佩兰在1926年被授予诺贝尔物理学奖。

3秒钟速览

1908年，让·佩兰用显微镜观察到了细小微粒的布朗运动，验证了爱因斯坦的理论。

3分钟详解

对布朗运动微粒的研究属于胶体科学领域。胶体科学研究悬浮在某种其他物质的"中型"粒子，比如水中的微小油滴。"中型"粒子一般在显微镜下可见。胶体科学由化学家托马斯·格雷姆在19世纪早期命名，迈克尔·法拉第和约翰·丁达尔开展了后续研究，这是人类第一次认识到在分子和宏观世界之间还有一个独特的"中观世界"。

相关理论

便捷的假设　4页
布朗运动　10页

3秒钟人物

理查德·席格蒙迪
RICHARD ZSIGMONDY
1865—1929
奥地利科学家，他发明的超显微镜使检验爱因斯坦关于布朗运动的理论成为可能。

马里安·斯莫鲁霍夫斯基
MARIAN SMOLUCHOWSKI
1872—1917
科学家，他独立于爱因斯坦研究出了一种解释布朗运动的理论。

本文作者

菲利普·波尔
Philip Ball

在爱因斯坦提出关于布朗运动的预测的第三年，他的理论就被让·佩兰使用高精度显微镜测量的数据所证实。

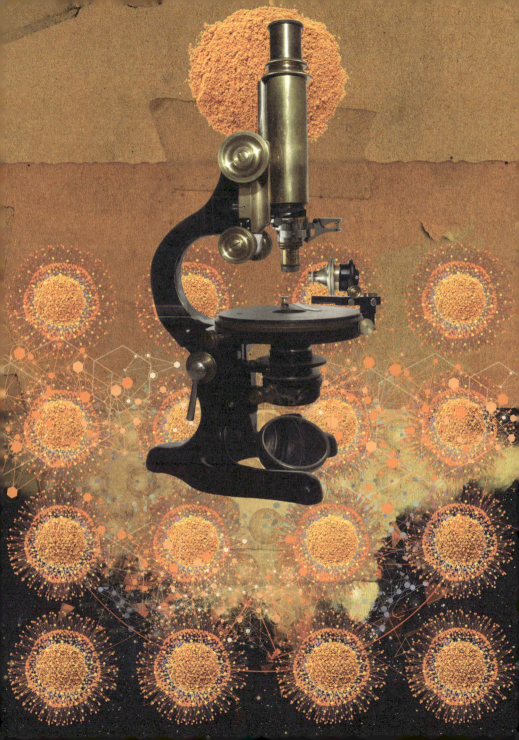

玻色—爱因斯坦统计

the 30-second theory

3秒钟速览

无差别的微粒，被称为玻色子，它们遵循的统计规律，异于通过位置和量子态可以区别的粒子所遵循的统计规律。

3分钟详解

包括商业体系在内的许多复杂系统的演化也遵循玻色—爱因斯坦统计。玻色—爱因斯坦统计预测了在竞争性系统中非常常见的现象——赢者通吃。

1924年，印度数学物理学家萨特延德拉·玻色将被好几家科研期刊拒绝的一篇论文寄给了爱因斯坦。这篇论文提出了一种计算像光子这样无差别微粒的新方法。爱因斯坦当即认识到了这篇论文的重要性，把它译成德文并发表。我们现在称这种计算无差别粒子的统计方法为玻色—爱因斯坦统计。假设我们正在抛两枚硬币，我们先将硬币当作是有差别的。四种可能的结果分别是"正面—正面""正面—反面""反面—正面"和"反面—反面"，所以出现"正面—正面"这一结果的概率是四分之一。如果这两枚硬币是完全无差别的，那么我们无法区别"正面—反面"和"反面—正面"这两个结果，则只会有三种结果："正面—正面""正面—反面"和"反面—反面"；现在出现"正面—正面"这一结果的概率变成四分之一。玻色指出像光子等物理学中无差别的粒子服从类似的统计规律。为了纪念玻色，我们现在称这种无差别的粒子为玻色子。不服从玻色—爱因斯坦统计规律的粒子，包括构成物质的基本粒子，被称为费米子。与玻色子不同，费米子不能以同样的量子态同时位于同一位置，这使得费米子彼此之间有差别。

相关理论

人物传略：萨特延德拉·玻色　13页

玻色—爱因斯坦凝聚态　18页

3秒钟人物

詹姆斯·克拉克·麦克斯韦
JAMES CLERK MAXWELL
1831—1879
物理学家，提出了第一个统计学理论，即麦克斯韦速率分布律——气体分子速率分布的统计规律。

萨特延德拉·玻色
SATYENDRA BOSE
1894—1974
印度数学物理学家，首次提出无差别粒子的统计方法。

埃里克·康奈尔
ERIC CORNELL
1961—至今
美国物理学家，与他人合作实现了第一个玻色—爱因斯坦凝聚态。

本文作者

罗德里·埃文斯
Rhodri Evans

微粒（或硬币）是否具有无差别性决定了它们行为的统计结果。

玻色—爱因斯坦凝聚态

the 30-second theory

3秒钟速览
在玻色—爱因斯坦凝聚态下，所有的"微粒"都聚集起来，具有同样的量子态，就像一个宏观的粒子。

3分钟详解
玻色—爱因斯坦凝聚态能够从物质以及原子和其他微粒的干扰和激发中创造出来。重要的是，这些激发的行为类似玻色子这样的微粒，所以也被称为准粒子。有很多这样的准粒子，例如半导体中的激子，等离子体中的等离子体振子，晶体中的磁振子。还有一种电磁激子，是把一个光子和激子耦合形成的。2013年，通过在纳米级金属片中形成电磁激子，在室温下实现了玻色—爱因斯坦凝聚态。

有些科学家称玻色—爱因斯坦凝聚态为物质的第五种状态，前四种分别为固态、液态、气态和等离子态。在玻色—爱因斯坦凝聚态下，几乎全部单独的原子或者亚原子微粒都聚集成一个低能量的量子态。玻色—爱因斯坦凝聚态能通过整数自旋量子数的玻色子形成，玻色子遵循玻色—爱因斯坦统计并且占据相同的量子态。玻色—爱因斯坦凝聚态还能通过一些内在构成各粒子的自旋量子数加总为整数的原子形成，这些原子在极低的温度或者极高的压力下的表现性质与玻色子类似。玻色和爱因斯坦在1924年预言了这种凝聚态。他们认为如果具有玻色子非互扰属性的气体原子被降到足够低的温度时，它们将集聚到原子共享最低能量的量子态。然而直到1995年，两组科学家将原子的温度降到接近绝对零度（-273℃）时才在实验室里创造出玻色—爱因斯坦凝聚态，一组冷却的是铷原子，另一组冷却的是钠原子。2013年，科学家用纳米级的金属片在室温条件下实现了玻色—爱因斯坦凝聚态。

相关理论
人物传略：萨特延德拉·玻色 13页
玻色—爱因斯坦统计 16页

3秒钟人物
威廉·丹尼尔·菲利普斯
WILLIAM DANIEL PHILLIPS
1948—至今
美国物理学家，诺贝尔物理学奖获得者，激光冷却领域先驱，为实现玻色—爱因斯坦凝聚态做出了贡献。

埃里克·康奈尔，卡尔·威曼和沃尔夫冈·克特勒
ERIC CORNELL, CARL WIEMAN & WOLFGANG KETTERLE
两个美国物理学家和一个德国物理学家，因首次实现玻色—爱因斯坦凝聚态共同获得了2001年诺贝尔奖。

本文作者
利昂·克利福德
Leon Clifford

在玻色—爱因斯坦凝聚态，即物质的第五种状态下，微粒子从一个很宽的分布状态（右边图中左图）移动形成一个明显的山峰状（右边图中中图和右图）。

量子冒险

量子冒险
术语

黑体/黑体辐射 黑体并不是黑色的，而是发出微弱的光。它是一种假设的物体，所有频率的光遇到它都会被吸收，同时也能辐射所有频率的光。这种所谓的黑体辐射有如下的特性：在特定温度下，辐射频谱分布（在某个频率下辐射强于其他频率）是一样的。很多物体受热后都会发出微光，这一点与黑体类似，但是最接近黑体的替代品是一个固体空腔，上面有一个小孔，辐射通过这些小孔放射。正是为了试图解释黑体辐射的频率，马克斯·普朗克不得不假设光的能量是量子化的。

量子世界的颗粒度 用于描述许多物理现象不是连续的，而是变成许多间断的块状。"颗粒度"一词源自胶片摄影，那时照片的细节质量取决于胶片上化学涂层颗粒的大小。

光电效应 当光照射到一些金属物质或半导体表面上时，它的能量可以被该物质中的电子吸收。这些电子被从原子中推出，从而产生电流，这就是光电效应。高于某一能量的光子（颜色或频率）才能产生光电效应。如果光的频率太低，它就无法推升电子的能量，因为能量的能级是量子化的：能级不是固定的值，但是能级之间迁移则需要"量子跃迁"。爱因斯坦早期的量子理论解释了光电效应。

普朗克长度 观测长度越短，就越会被量子效应所影响。当观测长度足够短时，量子效应会使得长度无法测得。这个最小的可测长度就是普朗克长度，它的值近似是 1.616×10^{-35} 米，比质子要小得多得多。这个值是由自然界的基本常数推导而出的。普朗克长度是约化普朗克常数（该常数将光子的能量和光波的频率相联系）乘以万有引力常数再除以光速的立方，最后再开方。

普朗克常数　物理学中的一个基本常数，其值近似为 6.626×10^{-34} 焦耳·秒（J·S）。普朗克常数是一个光子的能量除以它的频率。普朗克常数通常记作 h，但还有另一种称为"约化普朗克常数"的表述，记作 $h/2\pi$。约化普朗克常数对于在角动量下表示光的频率非常方便。

量子世界　区别于"经典世界"的宏观世界。直到20世纪，大部分物理现象仍被认为是连续的变量。在这个"经典"世界里，多小的距离我们都能测量出来，光的能量也可能是任何值。然而，随着量子科学的发展，科学家发现世界的许多现象是量子化的，以"点块状"的形式出现。例如，我们现在认为在"普朗克长度"以下的长度无法测量，光的能量是间断的块状。我们生存在一个量子世界里。

半导体　一种材料（特别是硅和锗），其导电性强于像玻璃这样的绝缘体，但弱于大部分金属。半导体内的电子存在于晶格点阵结构中，当电子被激发——通常是光或者电流，它们会被从晶体点阵中推出，留下的晶体点阵形成了"空穴"，这些"空穴"变得就像带正电的微粒子。被释放的电子进入导电层，并在导电层中自由移动形成电流。半导体经常被"掺杂"——在晶格中掺入杂质来改变半导体的传导性。

爱因斯坦改变物理学

the 30-second theory

马克斯·普朗克生来严谨保守，但他却以一个激进的想法改变了物理学，并在1918年获得了诺贝尔奖。这个想法跟辐射如何从有热量的物体（所谓的"黑体辐射"）中发散出来有关。随着温度增加，强辐射的波长变短：当电加热器不断升温，它先放射不可见的红外线（红外光），接着是红光，再之后是黄光。起先科学家试图把辐射解释为原子振动，似乎推导出辐射的能力应当随着波长变短而增大，导致"紫外灾变"：辐射的强度在紫外区域会发散至无穷大。1900年，普朗克发现，如果假设原子振动的能量被分割一份（块）一份（块）的或者说"量子化"，建立光的能量与频率成正比的黑体辐射能量方程会得出更合情理的结论。对普朗克而言，这仅仅是一个简单的"数学把戏"，正如他所言是一个"幸运的猜测"。但爱因斯坦证明普朗克的量子化能量是真实的，并且适用于所有的能量，这意味着光自身就可以分为众多不连续的量子，后称光子。起初普朗克因为这种对光的认识与传统认知差距太远而不接受量子假设。

3秒钟速览
马克斯·普朗克的量子化假设——能量是以点块状形式存在——这一观点被爱因斯坦采纳并发展成为一种全新的物理学，最终形成了量子力学。

3分钟详解
普朗克假设一份量子振动的能量与它的频率是成正比的，他把这一比例常数记为h，也就是后来的普朗克常数。我们现在知道普朗克常数h源自量子世界不连续的"点块状"本质。最小的有意义测量距离被称为普朗克长度，其值大致为1.616×10^{-35}米。

相关理论
量子光电效应　　26页
量子振动　　30页

3秒钟人物
马克斯·普朗克
MAX PLANCK
1858—1947
德国科学界的"元老级"人物，经历了纳粹时期的苦难摧残。

威廉·维恩
WILHELM WIEN
1864—1928
德国实验物理学家，发现了黑体的温度、辐射能量及最强辐射时的波长的数学关系。

本文作者
菲利普·波尔
Philip Ball

根据自身的不同温度，黑体辐射呈现不同颜色的光谱分布。

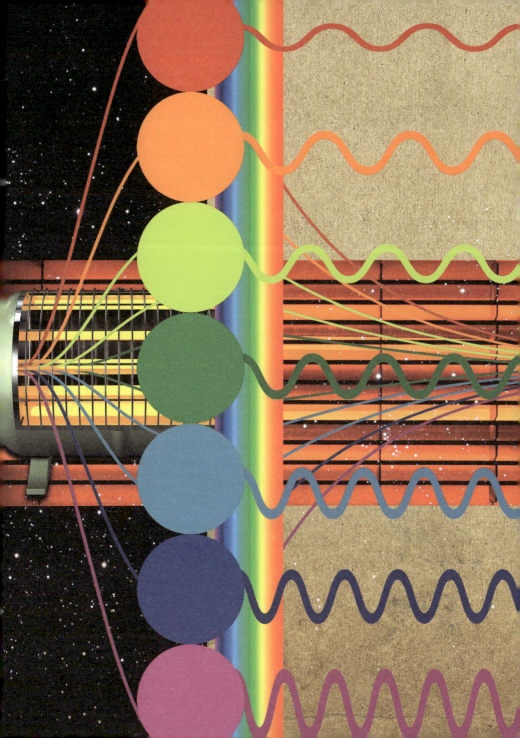

量子光电效应

the 30-second theory

3秒钟速览

1905年，爱因斯坦利用马克斯·普朗克于1900年提出的光量子的概念解释光电效应的所有观察结果。

3分钟详解

20世纪30年代首次发明的光电倍增管，利用光电效应放大微弱的光信号，以探测低能级光能。光电倍增管被应用于早期天文学电子影像传感器以及摄影机中。夜视设备也利用了光电效应，在图像增强管内放置一块碱性金属或半导体材料薄膜。

1905年，爱因斯坦写了一篇解释光电效应的论文，此时光电效应已经困扰物理学家一些年头了。试验显示，当被光照射时，某些金属会放射出电子，但是这些电子的能量却不取决于光的强度。此外，一旦照射光改为低频率的光，这个现象便消失了。所有这些都与传统光的波动理论背道而驰。在马克斯·普朗克于1900年的研究成果基础上，爱因斯坦提出，照在金属上的光是离散的、一小块一小块的，即"量子"（光量子、光子）。普朗克在解释黑体辐射时引入了"量子"这一概念，但是爱因斯坦将其普遍化。爱因斯坦认为光只能以离散的量子与电子互作用，每一个光量子的能量由普朗克的公式$E=hf$给出，其中f指的是光的频率。这个想法精妙绝伦地解释了光电效应的所有观察结果。爱因斯坦认为每种金属都有一个极限频率；如果照射光的频率低于这个极限频率，则不会发生光电效应。光的强度越高，只意味着在每秒到达物体表面的光量子越多，这并不会影响放射出的电子的能量。这一篇关于光电效应的论文在1921年为爱因斯坦赢得了他唯一的诺贝尔物理学奖。

相关理论

密立根实验　28页
波粒二象性　34页

3秒钟人物

亚历山大·史托勒托夫
ALEXSANDR STOLETOV
1839——1896
俄国物理学家，他对于光电效应分析得出的结果被爱因斯坦于1905年发表的论文所解释。

海恩里希·赫兹
HEINRICH HERTZ
1857——1894
德国物理学家，在1887年首次发现光电效应。

本文作者

罗德里·埃文斯
Rhodri Evans

在光电效应中，低能量的光子不会产生作用，但是更高能量的光子能使电子逸出并产生电流。

密立根实验

the 30-second theory

美国物理学家密立根通过其在1916年完成的一系列实验,证明了爱因斯坦1905年做出的光是量子化的预测。密立根并不接受爱因斯坦对光电效应的量子解释,但他看到爱因斯坦的光电效应方程可以通过实验检验。爱因斯坦光电效应方程预测,照射光的频率与被射出的电子的最大能量之间存在线性关系,密立根准备对此进行验证。其他科学家也尝试过,但都没有得到确定的结果,但是密立根是一位了不起的、技术精湛的实验者,为了得到精确的测量结果开始了艰苦的实验。为确保实验的准确性,密立根需要只能在真空条件下得到的极端干净的表面;同时需要一个巨大且精密的实验设备来消除可能的实验误差。密立根称这台实验设备是"真空中的机器商店"。通过仔细调整设备内的电压,它能够测量照射到金属板上不同频率的光使电子从金属板中逸出所传导给电子的最大能量,结果他发现光的频率与射出电子的最大能量之间确实是线性关系。密立根因为证明光电效应的研究工作以及测定电子电荷量获得了1923年诺贝尔物理学奖。

3秒钟速览

一个不相信爱因斯坦的光量子理论的科学家,开展了科学实验,结果却证明了爱因斯坦理论的正确性。

3分钟详解

证明爱因斯坦的光量子理论的密立根实验是现代物理学发展的一个典型。理论物理学家提出理论,实验物理学家检验理论,这一互动过程至关重要。然而,现代化的实验装置,例如欧洲核子研究组织的粒子加速器,规模巨大且耗资不菲,要花上几十年才能建成。随着物理学家在探寻世界本质的过程中不断深入,以后要用什么来检验他们的理论呢?

相关理论

量子光电效应　26页
量子振动　30页
波粒二象性　34页

3秒钟人物

罗伯特·密立根
ROBERT MILLIKAN
1868—1953
美国物理学家,除证实了爱因斯坦的光电效应理论,还测定了电子电荷量,并获得诺贝尔奖。

威尔默·苏德
WILMER SOUDER
1884—1974
美国物理学家,是密立根证明光电效应的一系列实验的助理。

本文作者

利昂·克利福德
Leon Clifford

密立根起初是为了证伪爱因斯坦的光子假说,但是他的研究工作却证实了量子理论的正确性。

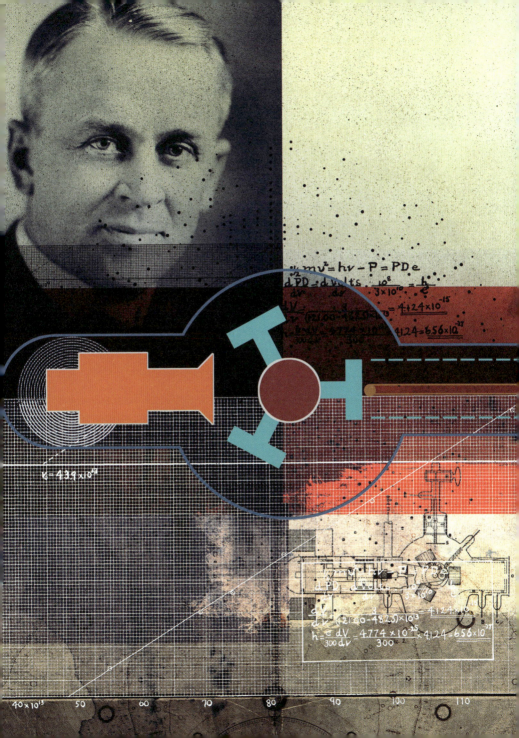

量子振动

the 30-second theory

1907年，爱因斯坦解决了一个一直困扰科学家的关于热容的难题，热容可以衡量升高物质温度所需要的热量。经典物理学预测固体的热容应该是恒定的，不随温度变化而变化，但是试验结果却显示事实并非如此，温度会影响热容。爱因斯坦意识到这可能是由量子效应导致的。他发现如果光是量子化的，那么热量——也就是热能，也有理由是量子化的。热量通过原子的运动显现，温度越高意味着更剧烈的原子运动。相较于气体和液体中的原子，固体中原子运动的自由度更低，所以通过振动表明其运动。爱因斯坦把固体中的每个原子想象成一个独立的振动点，即振子。他推论如果热量是量子化的，那么这些振动也应该是量子化的，使得这些振动材料看起来就像是有"粒子"穿过其中，这种"准粒子"同样遵循量子理论。这一深刻见解通过一篇名为《辐射的普朗克理论与比热容的理论》（Die Plancksche Theorie der Strahlung und die Theorie der spezifischen Warme）的论文发表，为量子的存在提供了进一步的支撑。

3秒钟速览
通过解释量子化的原子振动在温度改变时会导致热容量变化，爱因斯坦为量子化能量的存在提供了新的证据。

3分钟详解
以晶体结构结合起来的不断震荡的原子产生的热能导致原子在晶体点阵内的振动。热能被转换为振动晶体点阵的机械能，就能在材料中传递热量和声音。这些振动，就像穿过晶体的波，带有相关能量和动量，也表现出粒子的性质。这种振动机械能的量子被称为声子。

相关理论
玻色—爱因斯坦凝聚态　18页

量子光电效应　26页

3秒钟人物
瓦尔特·能斯特
WALTHER NERNST
1864—1941
德国物理学家，低温物质研究的先驱，他认识到了爱因斯坦关于量子振动论文的重要性。

彼得·德拜
PETER DEBYE
1884—1966
荷兰裔美国科学家，改进了爱因斯坦描述原子振动的理论，即原子运动不是独立的，而具有集体性。

本文作者
利昂·克利福德
Leon Clifford

固体中的振动，不论是由热量或声音引起的，都是量子化的，看起来就像有粒子从固体材料中穿行而过。

1858年4月23日
出生于德国荷尔施泰因基尔

1867年
举家搬到慕尼黑,他父亲被任命为慕尼黑大学法学教授

1874年
16岁的普朗克进入慕尼黑大学学习物理学

1877年
花了一年在柏林大学攻读硕士学位

1879年
在慕尼黑大学取得了博士学位,研究方向为热力学

1880年
成为慕尼黑大学的"无薪讲师"

1885年
被基尔大学任命为助理教授

1889年
在柏林大学接替古斯塔夫·基尔霍夫的教职

1892年
升职为讲授理论物理学的正教授

1900年
发现"普朗克公式",接着提出了对其的物理学解释,标志着量子时代的开始

1905年
支持爱因斯坦的狭义相对论,使该理论被更多的物理学界人士关注

1914年
签署了"告文明世界宣言"为支持德国的侵略战争辩护,在"宣言"上签名的有93人

1918年
因发现量子被授予诺贝尔物理学奖

1927年
被授予洛伦兹奖章

1929年
被授予科普利奖章

1929年
德国物理学会创立了马克斯·普朗克奖章,是德国物理学会的最高奖项

1947年10月4日
辛于德国哥廷根,享年89岁

人物传略：马克斯·普朗克
MAX PLANCK

1874年，当卡尔·恩斯特·路德维希·马克斯·普朗克进入慕尼黑大学学习物理学时，教他的一位物理学教授告诉他，"在这个领域，差不多所有的东西都已经被发现了，要做的只是填补几个窟窿"。26年后，马克斯·普朗克开启了物理学的新时代——量子时代，证明了那位教授说的是多么错误。为了解释黑体辐射的光谱，普朗克引入了能量是量子化的这一概念。后来他说道，"简单说来，我所做的可以被简单地看成是绝望之举"。

1900年之前，普朗克的职业生涯中规中矩，乏善可陈。1879年，他在慕尼黑大学取得了博士学位，写了一篇名为《论热力学第二定律》的论文。他在慕尼黑大学做了"无薪讲师"，于1885年在出生地基尔获得了第一份带薪职位，担任德国基尔大学的助理教授。四年后，因为古斯塔夫·基尔霍夫退休，普朗克到柏林大学担任助理教授，1892年升为正教授。柏林大学当时考虑的第一人选是路德维希·玻尔兹曼，但是他拒绝了柏林大学的邀约。

普朗克继续在热动力学方面开展理论研究。1894年，德国电力公司委任他开发一种更好的电灯。基于威廉·维恩1896年提出的解释黑体光谱的理论，普朗克进行了更深入的研究，在1897年写了《热力学专论》。在1900年10月的一天，普朗克花了整整一夜试图建立一个黑体辐射光谱的数学表达式，光谱那时已覆盖从紫外线到红外线的整个区域。

他最终"找到"了一个公式，并在1900年10月19日分享给了德国物理学会。当年11月13日，普朗克提出一种理论来解释他的公式，但是这个理论非常激进。普朗克必须假设能量不是连续的，而是以某种"块状"的形式存在，他称其为"量子"。如果他假定量子大小趋于零，则他的公式无法成立；他被这个假设给困住了。普朗克虽然在1918年因为他的发现被授予诺贝尔奖，但是他多年都不相信这种"量子"是真实的。实际上，他发现了物理学里基本的概念，即世界的本质是量子化的而非连续的。1947年他去世后，德国政府为了纪念他，把政府资助的研究机构恺撒威廉学会命名为"马克斯·普朗克学会"。

罗德里·埃文斯
Rhodri Evans

波粒二象性

the 30-second theory

在19世纪，黑体这一理论上完美的辐射源的电磁辐射性质一直困扰着科学家们，人们后来称之为"辐射问题"。1900年，马克斯·普朗克提出描述黑体电磁辐射能量和频率的普朗克公式。爱因斯坦成功地运用普朗克的发现来解释光电效应之谜。问题是爱因斯坦的解释要求物理学家把光想象成离散的量子形态而不是波形态。1909年，爱因斯坦假设普朗克公式是正确的，并找到黑体辐射能量和动量的关系方程，解决了光是波还是粒子这一明显的矛盾。他指出，在低能量态时，波的形态为主导；在高能量态时，粒子形态为主导。爱因斯坦发表了这一研究成果，告诉科学界光是波的形态还是粒子形态这一明显的矛盾"不应被认为是不可统一的"。这是科学家首次将光的波形态和粒子形态结合起来——现在称之为波粒二象性。

3秒钟速览

爱因斯坦是第一个证明把光理解为同时具有波和粒子属性这一想法并不矛盾的科学家。

3分钟详解

"波粒二象性"是指物质中的粒子可以在两种不同形态之间相互转换。1924年法国物理学家路易·德布罗意进一步发展了光波具有粒子的属性这一想法。他假定像电子这样的粒子能够用波来描述。电子显微镜利用了电子具有如同光波属性的现象，使用电子束来"照亮"微小物体然后再放大图像。

相关理论

量子光电效应　26页
人物传略：马克斯·普朗克　33页

3秒钟人物

詹姆斯·克拉克·麦克斯韦
JAMES CLERK MAXWELL
1831—1879
苏格兰物理学家，提出了光的电磁波理论和无线电波理论。

詹姆斯·霍普伍德·金斯
JAMES HOPWOOD JEANS
1877—1946
英国物理学家，反对普朗克辐射公式并就光的本质展开辩论。

本文作者

利昂·克利福德
Leon Clifford

光的量子现象会产生我们所期待的波的效果，就好像两个波相互作用时的干扰现象，但同时也有明显的粒子属性行为现象。

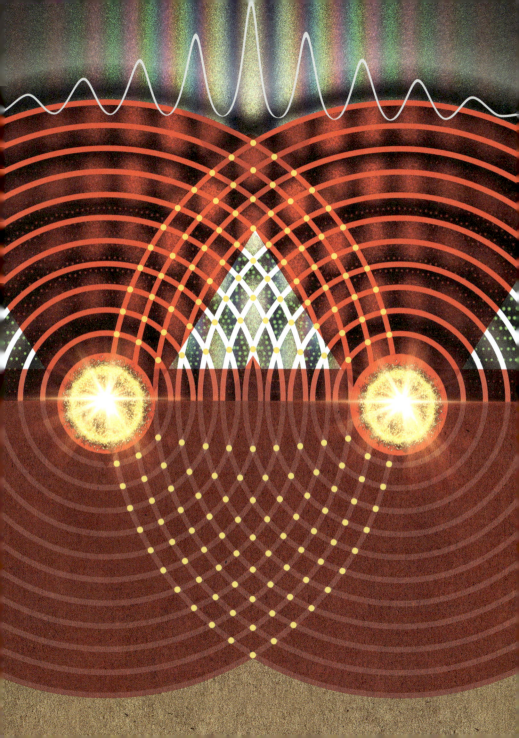

受激辐射

the 30-second theory

电子只能在环绕原子核的特定轨道上旋转，如果电子被激发到更高能量的轨道上运动，它们会自发地返回原来能量较低的轨道上。在返回低能级时，一个电子会释放一个光的粒子——光子。爱因斯坦发现还有另外一种方式让电子返回低能级轨道，这个方式被称为受激辐射。在受激辐射中，电子与一个外来辐射的光子相互作用，外来辐射的能量恰好等于两个不同能级轨道间的能量差。这种相互作用使得电子跃迁到低等级轨道，同时辐射出光子，被辐射出的光子与外来辐射的光子性质完全一致。当这些光子从物质中穿梭而过时，它们能激发出越来越多的同性质的光子。一般说来能级较低的轨道上的电子较多，但是通过一个叫作"泵浦"的过程，可以把更多的电子送入能级较高的轨道。这个原理被用于激光[英文为laser，是Light Amplification by Stimulated Emission of Radiation（受激辐射光放大）的缩写]等设备，产生单一频率的放大光束，聚焦于一点，形成能量的高度集中。

3秒钟速览

在受激辐射中，外来光子和受激辐射激励发射出的光子性质完全相同。

3分钟详解

激光技术现在的应用非常之广，从CD和DVD播放机、超市扫码枪，到精确金属切割，以及视力矫正手术和除疤、脱毛等领域。阿波罗飞船宇航员在月球上放了一面镜子，镜子可以反射从地球发射的强激光束，从而帮助科学家准确地测量地月距离。

相关理论

量子光电效应　26页
量子振动　30页

3秒钟人物

鲁道夫·W.拉登堡
RUDOLF W. LADENBURG
1882—1952
德国物理学家，他是第一个通过实验证明爱因斯坦的受激辐射理论的人。

西奥多·H.梅曼
THEODORE H. MAIMAN
1927—2007
美国物理学家和工程师，于1960年5月制造了世界上第一台激光器。

本文作者

罗德里·埃文斯
Rhodri Evans

受激辐射时，电子可以被光推到一个更高能级的轨道，然后被另一个光子激发，释放一对光子。

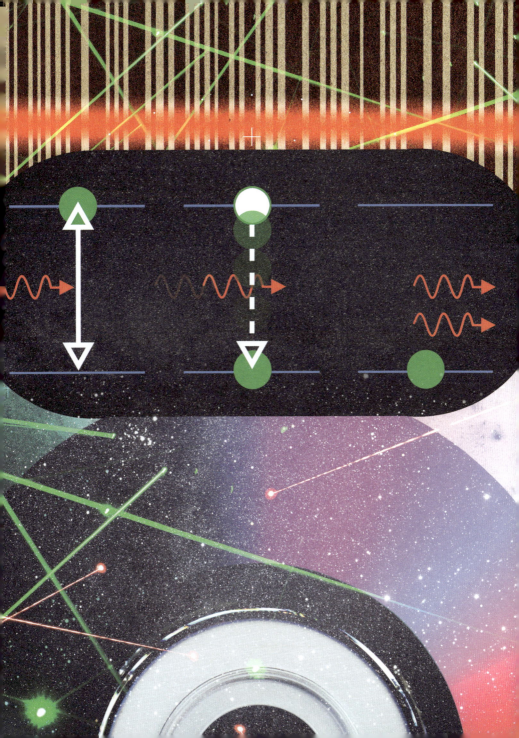

狭义相对论

狭义相对论
术语

4D　"四维"的简称。我们已经习惯了空间的三个维度——上下、左右和前后，二者之间互相垂直。从数学角度来看，三维并没什么特别的，想要几个维度都是可行的。时空概念使得时间成为第四个维度以区别其他维度，但是仍然服从相关的数学规律。时空定义下的宇宙是四维的。

重力　早期，重力（gravity）和轻力（levity）分别指趋向和远离宇宙中心。直到17世纪重力一词被广泛用作两个有重量的物体间的吸引力，英语中"gravity"多用于修饰（指严重和重大的事情）。爱因斯坦将重力重新定义为时空的弯曲。

希格斯玻色子　物理学家经常把基于量子粒子的性质和其他物理现象定义为量子场。场是在某个时间或空间位置上有确定数值的任何物体的数学表示。所以，一张显示大气压强的气象图是一个二维压力场，而光子在电磁场中行进会产生干扰效应。把所有的场都组合起来，还是不能解释一些量子粒子。因为这个原因，人们定义了一个全新的场，以其中一个发明者命名——希格斯场。希格斯玻色子在希格斯场中并不是起主要作用的粒子，但还是能被探测到。2013年，位于法国和瑞士边境的欧洲核子研究组织发现一种很可能是希格斯玻色子的粒子。

洛伦兹变换　荷兰物理学家亨德里克·洛伦兹建立了一系列解释迈克尔逊—莫雷试验的公式，表明光速似乎不受运动的影响。物理学家说的"惯性参考系"，指的是物体在匀速移动状态下，观察时间和空间的参考系。"洛伦兹变换"建立了从一个参考系转换到另一个参考系的转换关系，因为光速恒定，使得不同参考系下的距离和时间发生改变。洛伦兹变换是狭义相对论中最基本的"关系"。

迈克尔逊—莫雷试验　1887年进行了该项试验，本意是研究以太对光速的影响。在石基上固定一个圆形金属槽，并往金属槽中注满水银。将木质干涉仪装在一块一米宽的大理石石板上，并让大理石漂浮在水银槽上。一旦大理石石板开始旋转，便可以按照六分钟每圈的速度转好几个小时。在石板的上面放置了分光镜和反光镜，把一束光分成沿垂直方向传播的光束，直到这些光束再次汇聚，此时如若沿不同方向传播的光的速度不一样的话，条纹图案就会发生变化。试验设备并没有检测到任何变化，这意味着地球穿过以太时对光速没有影响。

时空　虽然我们看到运动结果时把时间和空间区别开来对待，但是在狭义相对论中把时间和空间分别看待是不现实的。为此，爱因斯坦的数学老师赫尔曼·闵可夫斯基创立了时空概念，把三维空间和另一维度的时间统一起来。有趣的是，早在十多年前的1895年，H.G.威尔斯在他的小说《时间机器》中提出了这种统一。

时间延缓效应　狭义相对论改变了运动物体的时间经过、距离和质量间的关系。在不同的参考系中观察运动物体时，会发现它的时间会变慢。这种时间变慢的情形被称为时间延缓效应。这个术语源于"dilation"一词，在中世纪时表示为延误或拖延的词义。

从专利局技术员到发现相对论

the 30-second theory

当爱因斯坦被瑞士专利局局长弗里德里希·哈勒聘为三级技术员时,这对于一个抱有雄心壮志的科学家而言或许并不是一个理想的职位。但是这项工作对于爱因斯坦来说却被证明是绝佳的:爱因斯坦可以便捷地查询专利,让他有大量的时间构想自己的理论。在被称为爱因斯坦"奇迹年"的1905年,他发表了四篇主要论文,包括创立狭义相对论的一篇论文。出乎意料的是,某些专利可能是他关于"同时性"的直接灵感源泉。同时性指的是分隔两地的两个事件同时发生的情形,以及匀速运动会如何改变对同时性的认识。这是因为世界时间的概念刚刚获得认可,并在某些专利中出现。在铁路出现前,每个城市和村镇都有自己的地方时间,根据日出或其他自然现象而定。在相隔不远的两个不同地方(比如瑞士的巴塞尔和伯尔尼),中午12点的确切时间很容易就有10~20分钟的时差。因为要编排列车时刻表,这种时差不再被接受,所以爱因斯坦经手了一批电子同步时钟的专利申请。

3秒钟速览
尽管爱因斯坦在提出狭义相对论时只是专利局的一名技术员,但这个工作岗位使他接触到电子同步时钟,这可能给他带来关于"同时性"概念的启发。

3分钟详解
在两个地方某一事件是否同时发生,比如时钟同时显示时间为正午,这似乎是显而易见的,但是也只有拥有"上帝视角"时才是这样。事实上,应该有某种方法能发出信号来表明时间。在19世纪中期前,我们只能通过眼睛感知时间,但是爱因斯坦审核的一项专利提出了用电子信号来同步时钟。算上信号传递时间,这个方法应该可以标记同时发生的事件。然而狭义相对论将会抛出一系列问题。

相关理论
光的想象 44页
论动体的电动力学 46页
同时性 52页

3秒钟人物
马塞尔·格罗斯曼
MARCEL GROSSMANN
1878—1936
爱因斯坦的朋友,曾把自己的课堂笔记借给爱因斯坦并安排了爱因斯坦在瑞士专利局的工作。

弗里德里希·哈勒
FRIEDRICH HALLER
担任了33年瑞士专利局局长,同时也是马塞尔·格罗斯曼父亲的朋友。

本文作者
布莱恩·克莱格
Brian Clegg

铁路的发展带来对世界时间的需求,涌现出了许多使不同车站同步时钟的专利。

光的想象

the 30-second theory

当爱因斯坦16岁还在瑞士阿劳州读高中时,他想象与一束光线并驾齐驱会发生什么。他后来说道:"如果一个人能以光速前进,你就可以获得一种完全独立于时间的波。当然,这种情况是完全不可能的。"换句话说,麦克斯韦方程组指出,随着观察者的电场和磁场随时间改变,光波将产生。观察者若以光速运动,光波将消失。麦克斯韦推算了光速的特值,这个值仅取决于真空下电和磁的性质。为何电场和磁场的性质要随一个人的运动而改变呢?这些孩童时期的想法促使爱因斯坦在1905年发表《论动体的电动力学》。在这篇论文中他认为光速对于所有观测者而言都是恒定的,无论他们以多快的速度运动。把这个想法和已有的运动定律相结合,可以得出关于时间和空间的性质对运动影响的一些奇异暗示。

3秒钟速览

当爱因斯坦还是个16岁的孩子时,他想象如果与光并驾齐驱,光会变成什么样;传统观点认为光会消失,但是他觉得这个想法是错的。

3分钟详解

从爱因斯坦对光的想象到他发现狭义相对论,中间有十年的间隔;这种间隔再次印证,从1907年他想到等价原则到用数学推算发现广义相对论用了八年。爱因斯坦用思想实验这一方法推演他的想法;思想实验是理论物理学中非常有力的工具。

相关理论

论动体的电动力学 46页

告别以太 48页

3秒钟人物

伽利略·伽利雷
GALILEO GALILEI
1564—1642
意大利自然哲学家,他认为力学实验无法区分静止状态和匀速运动,这被称为"伽利略相对论"。

詹姆斯·克拉克·麦克斯韦
JAMES CLERK MAXWELL
1831—1879
苏格兰理论物理学家,他指出光速取决于空间的电场和磁场性质。

本文作者

罗德里·埃文斯
Rhodri Evans

青年时爱因斯坦想象以光速运动并在一旁观察光,显然这个想法被他自己解决了。

论动体的电动力学

the 30-second theory

3秒钟速览

1905年，爱因斯坦发表了一篇论文，证明如果我们以接近光速的速度运动，时间将变慢，距离将压缩，质量将增加。

3分钟详解

假如旅行的速度足够快，由于时间延缓效应，爱因斯坦的狭义相对论给星际旅行带来可能。另外，对于一对双胞胎兄弟，如果其中一人参加了五年高速星际旅行，当他返回的时候，另一人在地球上可能已经过了五十年。对于光速本身而言，时间是静止的，因此从光子的视角来看，它们在宇宙中穿梭是瞬时的。

1905年6月30日，一篇标题为《论动体的电动力学》的论文送到了《物理年鉴》期刊的办公室，论文作者是名叫阿尔伯特·爱因斯坦的一名年轻的专利局技术员。我们现在把这篇标志性论文中提出的理论称为"狭义相对论"。这篇论文在被物理学界完全理解后，将瓦解牛顿物理学几百年来的权威，并成为科学史上最为重要的论文之一。这篇论文改变了人类对时间和空间的根本认知。这篇论文有两个基本假设：一是光速不受观察者运动的影响，二是对于任何以相同速度运动的观察者物理定律是一致的；并得出结论——历来认为空间和时间是绝对的这一观点是错误的。论文在1905年9月26日发表，但其重要性在几年以后才被广泛认可。在德国，最先认识到这篇论文重要性的科学家之一是马克斯·普朗克，在他的支持下，爱因斯坦这篇论文很快就被接受。1907年，爱因斯坦大学时期的数学教授提出了时空的概念，通过几何学的诠释使爱因斯坦的狭义相对论获得了更为广泛的认可。

相关理论

告别以太 48页
同时性 52页
长度、时间和质量 54页

3秒钟人物

亨利·庞加莱
HENRI POINCARÉ
1854—1912
法国数学家和理论物理学家，他1904年提出一个非常接近时间延缓效应的理论。

马克斯·普朗克
MAX PLANCK
1858—1947
量子力学之父，爱因斯坦狭义相对论的早期推广者。

本文作者

罗德里·埃文斯
Rhodri Evans

爱因斯坦突破性的论文告诉我们，因为光速恒定，当运动速度非常快时，我们无法把空间和时间割裂看待。

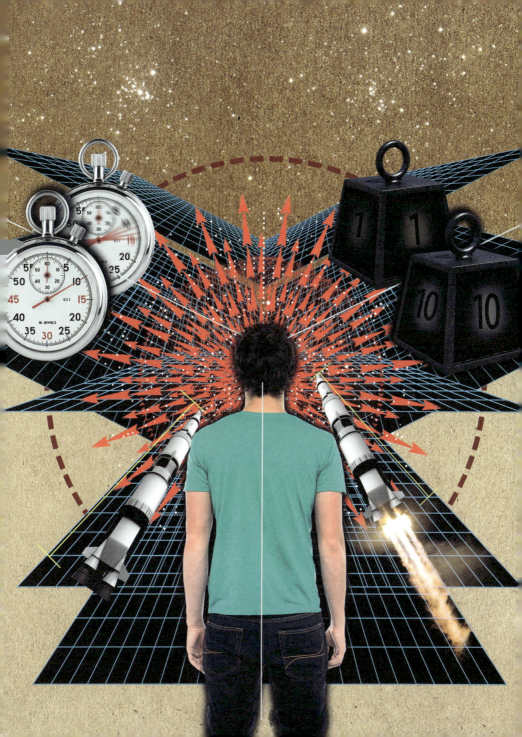

告别以太

the 30-second theory

迈克尔逊—莫雷实验对爱因斯坦1905年狭义相对论论文是否有启发作用是颇具争议性的。1887年，阿尔伯特·迈克尔逊和爱德华·莫雷在俄亥俄州进行了一项探测以太对光速影响的实验。以太被假想为是光波传播的介质。他们的实验结果表明，光在两个垂直方向上的速度没有变化，这与人们认为的光随地球运动而穿过静止的以太应该有速度差的想法相反。以太产生于一个古老的概念：它的起源可以追溯到亚里士多德所说的充满天空的"第五元素"，艾萨克·牛顿也假定存在一种看不见的以太来承载光或者引力。19世纪时，以太被视为传播电磁波的介质，包括麦克斯韦和开尔文在内的科学家都尝试给以太设计模型。但是爱因斯坦的狭义相对论指出，根本没必要引入光以太来理解光的性质。对于是否是迈克尔逊—莫雷实验给予他理论启发，爱因斯坦给出了矛盾的答案。1905年他的论文里并没有提到这个实验，而且在1954年他说他不确定在创立狭义相对论时是否听说过这个实验。然而，有事实表明他确实知道迈克尔逊—莫雷实验，同时该实验对他早期关于相对论的想法有促进作用。

3秒钟速览
狭义相对论说明没必要假设将看不见摸不着的以太作为光波的载体。

3分钟详解
正如大家所说，爱因斯坦并没有抛弃以太这一概念，他只是更改了以太的含义。他认为某些类似"以太"的介质对于引力而言非常有必要；1920年他写道："根据广义相对论，没有以太的空间是无法想象的。"但是他并不把这种"新以太"当作由传统粒子组成的"有质量"的物质。现今，这种"新以太"已被归入物理学的场论之中。

相关理论
光的想象 44页
时空 56页

3秒钟人物
威廉·汤姆森，开尔文勋爵
WILLIAM THOMSON, LORD KELVIN
1824—1907
英国科学家，光以太说的坚定支持者，并认为原子可能在以太旋涡中旋转。

爱德华·莫雷
EDWARD MORLEY
1838—1923
美国科学家，主要研究化学和光学，1887年与迈克尔逊合作研究光以太的影响。

本文作者
菲利普·波尔
Philip Ball

测量从不同方向穿过"以太"的光速实验证明以太并不存在。

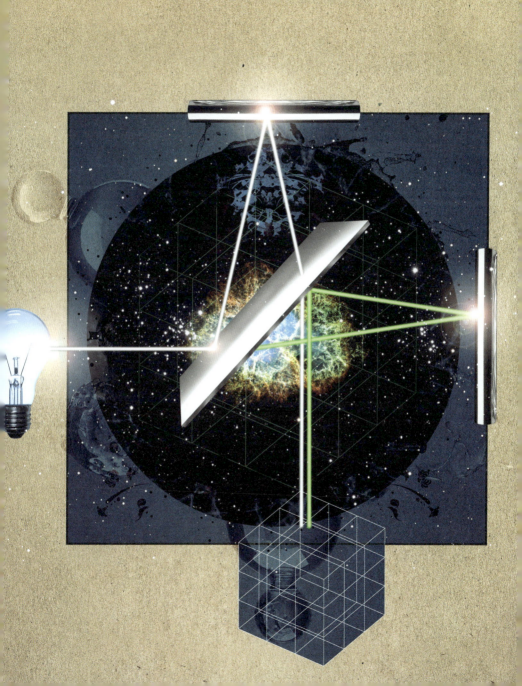

1864年6月22日
出生于亚力克索塔斯,父母是德裔犹太人

1872年
举家搬到普鲁士哥尼斯堡

1880年
进入哥尼斯堡大学学习

1882—1883年
在柏林大学度过了冬季学期

1883年
发表关于二次型的理论文章,获得法国科学院大奖赛数学奖

1885年
在哥尼斯堡大学获得博士学位,导师是费迪南德·冯·林德曼

1887年
被波恩大学聘为无薪讲师

1892年
被波恩大学聘为助理教授

1894年
被哥尼斯堡大学任命为教授

1896年
在苏黎世联邦理工学院任教,在那里他教过爱因斯坦数学

1897年
与奥古斯都·艾德勒结婚,后来育有两女

1902年
被哥廷根大学聘为全职教授

1905年
在一次电子理论研讨会上,阐述与爱因斯坦近期发表的狭义相对论相关的时空想法

1907年
正式提出时空概念,使得爱因斯坦的狭义相对论更易被非专业人士所理解

1909年1月12日
突发急性阑尾炎,卒于德国哥廷根

人物传略：赫尔曼·闵可夫斯基
HERMANN MINKOWSKI

赫尔曼·闵可夫斯基是勒温·闵可夫斯基和蕾切尔·陶博曼的第三个儿子。赫尔曼·闵可夫斯基出生在俄罗斯，当他八岁时，举家搬到德国哥尼斯堡定居。他的数学天赋在学校崭露头角，被城内大学里的数学家海因里希·韦伯注意到。他对二次型——数学中变量是二次方的函数——产生了兴趣。我们经常碰到只有一个变量的二次型，圆的方程是用两个变量 x 和 y 表达的二次型，不过闵可夫斯基研究的二次型是任意数量的变量。

他的博士学位是研究二次型获得的，后来他通过找到五个平方数可能的整数解的求解解法而在法国科学院大奖赛中获奖。之后，他发现如果把几何性质放到多维空间中思考，他将会对代数理论有更好的理解。数论是研究自然数、整数和素数的数学分支。1889年，他提出并证明了以他命名的闵可夫斯基原理，该原理为数论的一个分支（几何数论）奠定了基础。1896年，他提出了许多解决数论问题的几何学方法（数论主要研究自然数、整数和素数的性质）。

赫尔曼·闵可夫斯基与爱因斯坦有两点重要联系。第一，他是爱因斯坦在苏黎世大学的数学老师。他形容爱因斯坦是"一条懒狗，从不为数学操心"。搬到哥廷根后，他与爱因斯坦有了第二次交往，这次很可能对他原来的学生的能力更加赏识了。闵可夫斯基一直关注着亨德里克·洛伦兹和爱因斯坦的研究成果，并在1907年提出爱因斯坦狭义相对论公式的几何描述——时空概念。凭借把二次型几何图形化的背景，闵可夫斯基意识到爱因斯坦的狭义相对论公式可以用几何表示。1907年，他提出了四维时空的概念，有时被称为闵可夫斯基空间。在这个几何描述中，任一事件都由四个维度表示，三个空间维度（x, y, z）和一个时间维度（t）。这样就能构建时空的图形，通常为了简化绘图只显示一到两个空间维度，使得对于不同观测者长度、时间和同时性的相对性能够被可视化。

闵可夫斯基后来回归到对二次项的兴趣，对于 $x = 1/(a+(1/b+(1/c+(\cdots))))$ 形式的嵌套"连分数"也有原创研究，不过他最为人知的还是时空概念和他的几何数论的研究。闵可夫斯基1909年突发急性阑尾炎离世，年仅44岁。

罗德里·埃文斯
Rhodri Evans

同时性

the 30-second theory

根据狭义相对论，不只是时间流逝是相对的，判断事件是否同时发生也是相对的。如果两个事件A和B发生时没有空间距离，那么所有的观察者在谁先谁后的问题上不会有异议。然而，如果两个事件在不同的地方发生，不同的观察者对于谁先发生或是否同时发生会有不同意见。想象一下安妮正处在一节车厢的正中间，她向车厢的前部和尾部同时发射一束光线。当她刚发出光线时，列车正好通过一个站台，布莱恩站在站台上。在那短短的一瞬间，安妮和布莱恩处在同一位置，他们都认为两束光线同时远离安妮。安妮会看到两束光线同时到达车厢两端，但是布莱恩却不是。在布莱恩的参考系中，车厢的尾部迎向光线，车厢的头部却在远离光线；所以，从他的角度来看，射向车尾的光线先到达车尾，先于另一束射向车头的光线。如果有第三个观测者查尔斯，与列车同方向以更快的速度移动，他则会认为射向车头的光线先到达。

3秒钟速览
如果两个事件A和B在不同的地方发生，那么它们是否在同一时间发生取决于观察者对这两个事件所在地的相对运动。

3分钟详解
同时性的相对性使我们对时间流逝的所有认知都产生怀疑。两个事件A和B的先后顺序不再是绝对的，两个不同的观察者对于哪个事件先发生可以各执一词。这影响了我们对现在正在发生的和过去已经发生的事情的理解。

相关理论
光的想象 44页
论动体的电动力学 46页
长度、时间和质量 54页

3秒钟人物
亨德里克·洛伦兹
HENDRIK LORENTZ
1853—1928
荷兰物理学家，为同时性的相对性做了数学表达，他称其为"当地时间"。

丹尼尔·康斯托克
DANIEL COMSTOCK
1883—1970
美国物理学家和工程师，是对同时性的相对性提出思想实验的第一人。

本文作者
罗德里·埃文斯
Rhodri Evans

对于行进列车上的观测者而言同时发生的事件，对于铁轨的观测者来说则不一定。

长度、时间和质量

the 30-second theory

3秒钟速览

为了让所有的观测者看到的光速是一样的，爱因斯坦必须舍弃绝对的时间和空间。越接近光速，长度越短，时间越慢，质量越大。

3分钟详解

由于时间延缓效应（或是长度压缩效应，与时间延缓效应可以说是一枚硬币的两面），对于以光速运动的光子而言时间是静止的，空间缩小为零。站在光子的角度来看，光子同时出现在宇宙的所有地方。因为时间延缓效应，如果我们能以光速移动，长途的太空旅行是有可能的。

根据爱因斯坦的狭义相对论，所有观测者的长度和时间观念应被抛弃。他指出，对于两个做相对运动的人爱丽丝和布莱恩来说，他们测得的光速是一样的；这样的话，他们对于长度、时间和质量的测量就不一样。同理，他们在其他参考系下对长度、时间和质量的测量又会与现在不一样。在二人之间的相对速度达到光速的一半之前，这些测量差异都是可以忽略的。随着相对速度越来越接近光速，测量的差异越大。以爱丽丝的参考系观测布莱恩，爱丽丝测量的布莱恩参考系里90厘米的尺子会比自己90厘米的尺子短一些，这种现象被称为长度压缩效应。同理，爱丽丝测量的布莱恩的时钟会比她的慢一些，这种现象被称为时间延缓效应。再者，爱丽丝会认为布莱恩参考系中物体的质量比她自己的大。因为狭义相对论具有对称性，布莱恩测量到的正好相反，他认为爱丽丝那里的长度比他的更短，时间比他的更长，质量比他的更大。长度、时间和质量全都是相对的。

相关理论

论动体的电动力学
46页
同时性 52页
时空 56页

3秒钟人物

乔治·菲茨杰拉德
GEORGE FITZGERALD
1851—1901
爱尔兰物理学家，1889年提出用"长度压缩"来解释为何迈克尔逊—莫雷实验没有测到以太。

亨德里克·洛伦兹
HENDRIK LORENTZ
1853—1928
荷兰物理学家，曾试着解释迈克尔逊—莫雷实验，提出了长度会缩减。

本文作者

罗德里·埃文斯
Rhodri Evans

狭义相对论使得对时间、长度和质量的测量取决于观测者的运动。

时空

the 30-second theory

根据爱因斯坦的狭义相对论，参考系A中的长度测量公式基于另一个参考系B中的长度和时间。类似地，参考系A中的时间测量公式基于另一个参考系B中的长度和时间。爱因斯坦因此表明时间和空间是相互联系的。1907年赫尔曼·闵可夫斯基提出了"时空"的概念，这是一个将三维的空间和一维的时间结合而成的四维模型。从时空的角度思考问题的一个优点是将狭义相对论的效果可视化。为此，我们通常用横轴（x）代表空间，光速乘以时间（ct，也是单位长度）为纵轴。然而，如果参考系A和B做相互运动，他们坐标轴将会发生变化。假使安妮的x轴和ct轴是直角坐标系，但是她看到的布莱恩的x'轴和ct'轴会发生如右图所示的变化。如果时空中的某事件E发生，这张图形象地展示了安妮的位置（横轴x）和时间（纵轴ct）有别于布莱恩（其位置和时间用x'和ct'表示）。

3秒钟速览
时空是一个四维模型，可以帮助我们用图形将狭义相对论的效果视觉化。

3分钟详解
时空这一概念对于爱因斯坦发展广义相对论至关重要。广义相对论是爱因斯坦的引力（重力）理论，将引力定义为质量弯曲时空：物体的质量越大，对时空的弯曲就越大。这意味着环绕运行的一颗卫星本来是要做直线运动的，但是时空弯曲使它的运动轨迹成曲线。

相关理论
人物传略：赫尔曼·闵可夫斯基
51页
长度、时间和质量
54页
时空弯曲　108页

3秒钟人物
赫尔曼·闵可夫斯基
HERMANN MINKOWSKI
1864—1909
德国数学家，爱因斯坦的数学老师，发展了时空的概念并制作了时空图，爱因斯坦刚开始并不喜欢这个做法。

詹姆斯·金斯
JAMES JEANS
1877—1946
英国天体物理学家，他的著作《物理学发展》对时空理论的发展做了简明的总结。

本文作者
罗德里·埃文斯
Rhodri Evans

闵可夫斯基的时空图形象地展示了时空的联系，时空概念将改变我们对引力的认知。

爱因斯坦和世界

爱因斯坦和世界
术语

束缚能 即使带正电荷的质子相互排斥，原子内的核子（中子、质子）也紧密挤在一起。这是因为核子被强大的核力相互吸引到一起，这个力比粒子相互接触时的电磁力大得多。一个原子核的束缚能指的是把它的核子分开所必须付出的能量。当较轻的核子聚在一起时，由此形成的组合整体的束缚能较低，所以可以通过核聚变的方式释放能量。类似地，当重的原子核分裂成两个时，整体的束缚能也变低，可以通过核裂变释放能量。

可控核反应堆 核链式反应的发现使得制造原子弹成为可能，但同时也为建立核反应堆打开了一扇门，通过可控的流程使之产生平稳的热量用于发电。可控核反应堆允许充足的核链式反应发生，但是多余的中子被一种叫作控制棒的设备吸收掉，确保核反应不会失控。

粒子回旋加速器（回旋加速器，粒子加速器） 直线加速器受长度的限制，最长的也就3千米。然而，20世纪30年代早期，实验者发现用磁场发射粒子进入螺旋轨道可以在更小的空间里获得更大的加速度。粒子回旋加速器使得许多发现成为可能，但是随着20世纪50年代更尖端的同步加速器出现，粒子回旋加速器慢慢淡出历史舞台。同步加速器通过使加速场的速度与粒子的速度同步一致，使加速粒子在一个平稳的轨迹上运动。欧洲核子研究组织的强子对撞机就是一台同步加速器。

电子显微镜 在量子物理中，粒子和波的区别是不存在的。光被认为是波，但它还具有粒子的性质；电子被认为是粒子，但它又具有波的性质。这正是电子显微镜的灵感来源，利用电子束代替传统显微镜的光束。显微镜的显影能力受制于波长，然而因为电子的波长比光要短得多，电子显微镜的放大能力比光要强得多。

直线加速器 起源于20世纪20年代的一种设备，利用振荡电场把电子和质子等带电粒子加速到较高的速度。通过仔细排布一组电极，电场可以在粒子撞击其目标之前被反复地加速到很高的速度。加速器可以被用于产生X射线和研究撞击出来的新粒子。

曼哈顿计划 曼哈顿计划始于1942年，是美国制造核裂变炸弹的绝密计划，以开始该计划的工程师部门所在地命名。来自不同地区的上万人参与了曼哈顿计划。其中最有名的地方是新墨西哥州的洛斯阿拉莫斯，炸弹正是在这里被研制出来的。第二次世界大战期间同盟国的许多物理学家都参加了曼哈顿计划，唯独除了赫赫有名的阿尔伯特·爱因斯坦。

核子 原子核内粒子（质子和中子）的统称。质子带正电，中子不带电，二者的质量相当。原子核中的质子和中子数量决定了元素种类，而不同数量的中子产生了元素的同位素。

热力学第二定律 基于物质原子间的相互作用，热力学被创立用于改进蒸汽机的功能，结果却成为理解能量的关键。热力学第二定律指出在一个没有其他能量进入或流出的封闭系统中，热量会从系统中较热的地方向较冷的地方流动。这意味着一个被称为"熵"的总量会增加，因为这一定律反映出系统的无序程度（即"熵"）随时间推移不会减少，熵只能通过给局部系统增加外部能量而降低。

能量与惯性

the 30-second theory

1905年还在瑞士专利局工作的时候,爱因斯坦写出了他的第四篇伟大论文,但题目的含义却有些模糊。这篇论文题为"一个物体的惯性依赖它的能量吗?",长度刚刚超过1页纸,1905年9月27日寄送给德国《物理学年鉴》期刊,11月21日发表。根据他提出狭义相对论的那篇论文,爱因斯坦运用相对简单的数学推理得出,物体的动能随光辐射减少,而且减少的能量独立于物体自身的属性。爱因斯坦根据动能公式计算出减少的动能是"$xv^2/2$",而$x=E/c^2$,E是光所释放的能量,c是光速。我们很多人在学校里学习了根据质量和速度推出的动能公式,对表达式$K=xv^2/2$比较熟悉。因此,如果在不降低速度的情况下,动能减少$xv^2/2$,则质量减少m。减少的质量m对光能来说等价于E/c^2,所以减少的质量$m=E/c^2$,简单调整后就得到了我们熟悉的$E=mc^2$。但这个公式并没有在那篇论文中出现。

3秒钟速览
爱因斯坦于1905年发表的第四篇论文用他的狭义相对论假设证明光的辐射会导致质量减少。

3分钟详解
爱因斯坦写这篇论文时,推理的结果是纯理论的,是基于联立求解麦克斯韦方程组得到的结果,即光速是恒定不变的。但是爱因斯坦在论文结尾也称,这一理论可以用能量含量变化很大的物质(比如说镭盐)来进行检验,并且,如果理论符合事实,辐射将会把惯性从一个物体带到另一个物体。

相关理论
$E=mc^2$ 64页
让爱因斯坦的公式成为现实 70页

3秒钟人物
米歇尔·贝索
MICHELE BESSO
1873—1955
瑞士工程师,曾与爱因斯坦在位于伯尔尼的瑞士专利局共事。据爱因斯坦称米歇尔在他1905年撰写论文过程中提出了意见和建议。

莫里斯·索洛文
MAURICE SOLOVINE
1875—1958
罗马尼亚数学家,与爱因斯坦和康拉德·哈比希特发起了一个讨论小组,名为奥林匹亚学院,在那里他们讨论了爱因斯坦1905年的想法。

本文作者
布莱恩·克莱格
Brian Clegg

根据爱因斯坦的著名公式,质量可以转换为能量,这一过程为太阳这样的恒星提供了能量源。

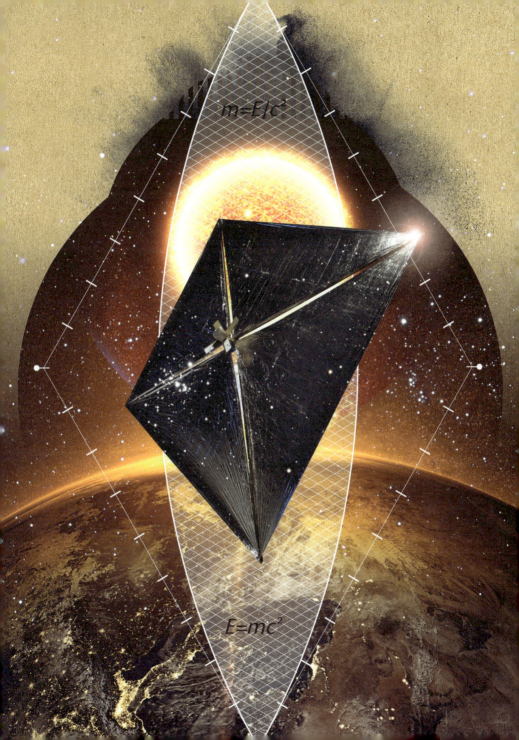

$E=mc^2$

the 30-second theory

"$E=mc^2$"可能是物理学中最著名的方程式，它甚至成为流行音乐的歌词。公式中的"E"是能量，"m"是质量，"c^2"是光速的平方。这个公式常常指"质能等价"，它来自爱因斯坦对狭义相对论的延伸思考。公式告诉我们质量和能量存在实质性联系。因此，物体即使在静止时也有某种内在的能量，我们称这种能量为静能量。因为光速的值非常大，即使是很小的质量也蕴含极大的能量，只要我们能够将其释放出来。当像煤这样的化石燃料燃烧时，能量是因为化学键改变而释放，煤里的碳元素和空气中的氧结合形成二氧化碳，但在这个过程中并没有质量的损失。如果我们真要把质量转化为能量，释放出能量的数值将会很大。举个例子，1克物质所蕴含的能量等于90万亿焦耳，差不多相当于燃烧3000吨煤所产生的能量。

3秒钟速览
这个物理学中最著名的等式显示了质量和能量是等价的，消耗质量可以释放大量的能量。

3分钟详解
太阳的能量来自其内核氢原子核聚变为氦原子。这也是氢弹背后的原理，但是我们现在的技术条件还无法控制核聚变反应。核聚变可以使用水中的氢原子作为原料，也就是说可以从海洋中汲取近乎无尽的能量。

相关理论
论动体的电动力学 46页
能量与惯性 62页

3秒钟人物
亨利·庞加莱
HENRI POINCARÉ
1854—1912
法国物理学家，他指出如果我们以两个参考系观测同一物体的动能，则会出现一个悖论。他认为只有存在另一种能量才能解决这个悖论。

约翰·科克罗夫特
JOHN COCKCROFT
1897—1967
英国物理学家，他与欧内斯特·沃尔顿第一次通过嬗变实验把锂原子分裂成两个氦原子核。

本文作者
罗德里·埃文斯
Rhodri Evans

"c^2"的巨大数值意味着极少量的物质可以产生远远超过传统化学反应所能产生的能量。

链式反应

the 30-second theory

在科学家发现放射现象后不久，虽然对原子结构还没有完全弄清，但蕴含在原子内部的巨大能量已经是显而易见的了。1903年，欧内斯特·卢瑟福和弗雷德里克·索迪测算了原子缓慢的放射性衰变所释放的能量，卢瑟福得出结论：如果能发现某种方式使放射性衰变瞬间完成，"某个实验室的'书呆子'可能不知不觉炸毁整个世界"。这真的可能么？十多年后，这种能量的产生原理已经很清楚了：它是原子核的束缚能，当原子核内极小质量的质子或者中子，按照爱因斯坦标志性公式"$E=mc^2$"转换时形成的能量，这种转换可以通过"分裂原子"——用某种粒子撞击原子核使其分裂——来实现。1932年被发现的中子非常适合作为撞击粒子。1934年，利奥·西拉德发现中子可能是自发放射性衰变释放原子能的关键。如果原子核能够被中子撞击分裂，同时衰变过程中又会释放出中子，这会形成一个链式反应。缓慢控制这一过程，可以获得能量源；瞬间完成这一过程，则是一个炸弹。

3秒钟速览

核能可以通过一种自发持续的反应释放，在此过程中，放射性衰变释放出来的中子击破其他原子，从而释放更多的中子及能量。

3分钟详解

"原子弹"一词由H.G.威尔斯创造，他根据卢瑟福等人的核研究成果，在他1914年预测未来世界状况的小说《世界获释》中对原子弹做出预言。温斯顿·丘吉尔是这本书的"粉丝"，他在1924年写了有关原子弹的文章。利奥·西拉德在读了威尔斯的作品两年后，便研究出了制造原子弹的可行方案。

相关理论

$E=mc^2$　64页
让爱因斯坦的公式成为现实　70页
给罗斯福的信　72页

3秒钟人物

欧内斯特·卢瑟福
ERNEST RUTHERFORD
1871—1937
生于新西兰的物理学家，通过实验揭示了原子和原子核的结构。

利奥·西拉德
LEO SZILARD
1898—1964
匈牙利籍美国物理学家，在英国时他首先构思出了核链式反应，并在1934年为之申请了专利。

本文作者

菲利普·波尔
Philip Ball

在原子弹中，一个原子核裂变释放的能量又通过链式反应去裂变更多的原子核，从而产生巨大能量。

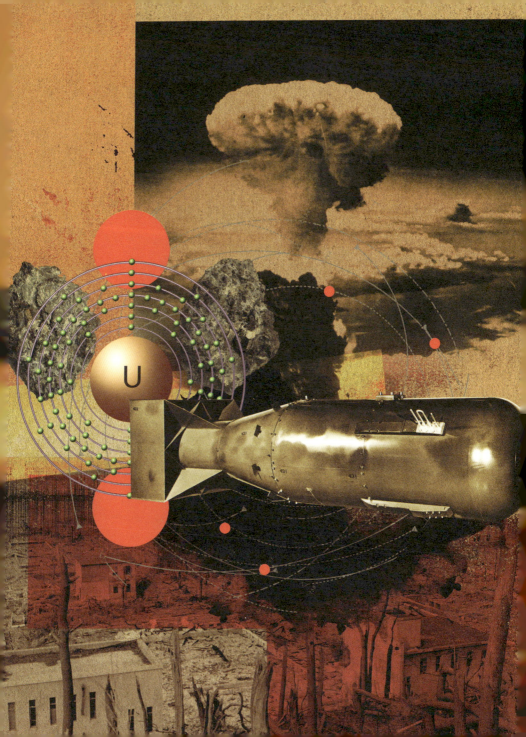

1898年2月11日
出生于匈牙利布达佩斯

1917年
加入奥地利军队，中断学业

1919年
到柏林学习物理学，师从爱因斯坦

1922年
研究热力学获得了博士学位

1926年
与爱因斯坦合作研究一种新型冰箱

1933年
在希特勒开始在德国掌权时，搬到伦敦

1934年
为核链式反应申请专利

1938年
搬到纽约，在哥伦比亚大学工作

1939年
草拟了给罗斯福总统的信，由爱因斯坦签名

1942年
在芝加哥见证了第一次可控的核反应

1945年
在最后时刻发起阻止原子弹投放的请愿，但并未成功

1948年
研究方向从物理学转为生物学

1963年
成为加州拉荷亚索尔克生物研究所的一员

1964年5月30日
逝于加州拉荷亚

人物传略：利奥·西拉德
LEO SZILÁRD

利奥·西拉德在20世纪20年代，先是爱因斯坦的学生，之后又成为他的同事。在接下来的十年中，西拉德成为最先认识到核武器潜力的人之一。西拉德负责起草了爱因斯坦于1939年寄给罗斯福总统的信。

西拉德出生在匈牙利，1919年移居柏林，师从爱因斯坦等人学习物理学。爱因斯坦曾特意表扬了他关于热力学研究的博士论文。1922年获得博士学位后，西拉德作为助教留在柏林，助教期间兴趣逐渐转向了核理论研究。但他这段时间最为人知的成果却是一个更为实际的课题——和爱因斯坦一起合作研究一种没有运动机件的新型冰箱。

西拉德1933年搬到伦敦，不久后他在报纸上看到一篇文章写道，卢瑟福爵士称从原子中获取能量的想法为"妄想"。西拉德对卢瑟福的话不以为然，思索出了核链式反应，并开始着手将其实用化的研究，不过直到1939年才找到突破口。那时他已经到了纽约哥伦比亚大学，在那里第一次了解到铀裂变，他马上意识到铀裂变可以实现自发持续进行的链式反应，也能够产生前所未有的最具杀伤力的炸弹。1939年西拉德去普林斯顿拜访了爱因斯坦并与他讨论其可行性。这次讨论的结果是给罗斯福总统的那封著名的信，由西拉德起草，爱因斯坦签名。这封信是曼哈顿计划和原子弹的发明的起点。

接下来的几年里，西拉德与刚来哥伦比亚大学的意大利核物理学家恩里科·费米一起研究核裂变。他俩设计了一个可控核反应堆，并于1942年12月测试成功。尽管如此，西拉德深深地担忧原子弹潜在的毁灭性威力。1945年7月，他说服70位杰出的科学家签署一封请愿书，力劝杜鲁门总统不要在日本投放原子弹。但同年8月份原子弹还是投放了。

西拉德被两次提名诺贝尔奖，但都没有获奖。第二次世界大战后，西拉德的兴趣从物理学转移到了生物学。在他人生中最后的几年，他在加州拉荷亚新成立的索尔克生物研究所担任研究员。1964年，西拉德因心脏病发作离世，终年66岁。

安德鲁·梅
Andrew May

让爱因斯坦的公式成为现实

the 30-second theory

3秒钟速览

核裂变和核聚变分别指原子核分裂和聚合的核反应，把极小的质量损失掉并根据公式"$E=mc^2$"转换成能量。

3分钟详解

尽管"$E=mc^2$"给出了核反应所释放能量的计算方法，但并非当即就启发了原子弹的发明。早期的试验清楚地说明了分裂或聚合原子将释放多么巨大的能量，并且不论爱因斯坦的"质能公式"是否已被理解，1939年自动持续释放原子能的链式反应都会被发现。爱因斯坦绝不是"原子弹之父"。

1896年在巴黎发现的放射性现象提出了一个意义深远的谜题。从像"铀"这样的放射性物质持续的辐射来看，不论原子处于什么物理状态，这些辐射似乎都说明原子自身蕴含了几乎无尽的能量。这种能量逐渐为人们所知，它是原子核的束缚能，把质子和中子这类核子"束缚"在原子核内的能量。对于质量超过铁原子的原子核，原子核越重，每个核子的束缚能越小。这是因为原子核通过放射性衰变或者核裂变分裂，可以变得更稳定。对于质量轻于铁原子的原子核，原子核越重，每个核子的束缚能越大，原子核通过聚变反应增加稳定性。"重原子"（比如铀原子）裂变和"轻原子"（比如氢原子）聚变都会释放能量。裂变和聚变都会是原子核的总质量比反应前轻一点，被释放的这"一点"质量通过"$E=mc^2$"的关系转换成能量释放。核裂变的这种核能通过核反应堆中的核裂变以及原子弹爆炸释放出来。核聚变比核裂变相对而言能产生更多的能量，这种核聚变能量出现在热核聚变的"氢弹"和恒星的氢元素核聚变为氦以及其他元素过程中。

相关理论

论动体的电动力学
46页

链式反应　66页

给罗斯福的信　72页

3秒钟人物

丽丝·迈特纳
LISE MEITNER
1878—1968
奥地利物理学家，与奥托·弗里希一起首次用原子核的分裂来解释试验发现的铀原子核裂变现象。

恩里科·费米
ENRICO FERMI
1901—1954
意大利核物理学家，1942年在芝加哥建造了第一个核裂变反应堆。

本文作者

菲利普·波尔
Philip Ball

在核裂变反应堆中，对核裂变链式反应加以控制，产生稳定的能量流，用水把能量带出产生蒸汽并发电。

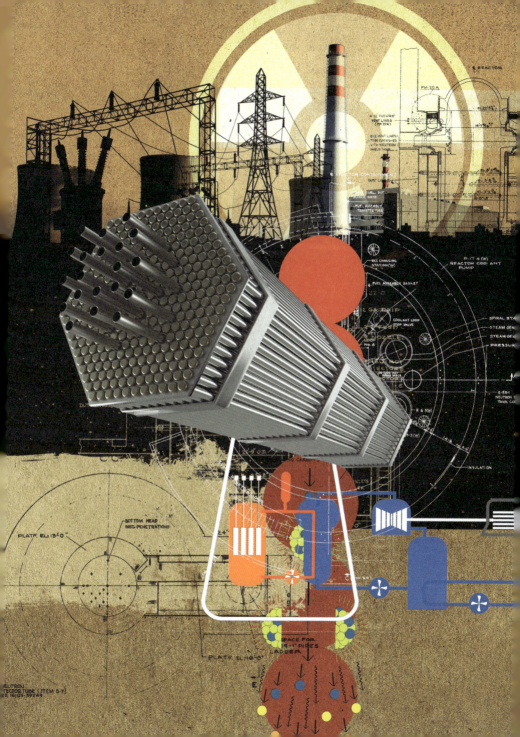

给罗斯福的信

the 30-second theory

1938年,爱因斯坦的朋友利奥·西拉德听说了铀核裂变的研究成果,结合他自己在核链式反应方面的研究,他意识到这会导致一种新型巨大杀伤性武器的出现。西拉德的第一反应是担心纳粹研究出这种武器,当务之急就是切断纳粹获取铀矿的道路。铀矿的一个主产地是当时比利时控制的一块非洲领土,那里正面临着被德国占领的危险。想到爱因斯坦与比利时王室交好,西拉德找到他寻求帮助。爱因斯坦被原子弹的设想震惊了,他之前从来没想过这个,答应尽全力帮助西拉德。他们决定绕过比利时,直接去找美国的高层,不只是警示纳粹威胁,同时还需要主动建立研究项目。他们讨论之后,西拉德起草了一封两页纸的信,由爱因斯坦签名,并在1939年8月2号提交给了罗斯福总统。这封信推动了事态发展,最终导致六年后广岛和长崎遭到原子弹轰炸。

3秒钟速览

爱因斯坦签署了利奥·西拉德草拟的信,警示美国总统罗斯福核武器的潜力。

3分钟详解

爱因斯坦这封信的直接结果就是1939年10月美国成立"铀顾问委员会"。不到三年,美国就开始了规模宏大而且高度机密的"曼哈顿计划",该计划制造了首批核武器。爱因斯坦从未被邀请参加"曼哈顿计划",因为联邦调查局认为他是安全隐患。即便接到邀请,爱因斯坦的和平主义信念很可能也会让他拒绝参与该计划。

相关理论

链式反应　66页
呼吁和平　74页

3秒钟人物

富兰克林·D. 罗斯福
FRANKLIN D. ROOSEVELT
1882—1945
第32任美国总统,任期始于1933年3月。

利奥·西拉德
LEO SZILÁRD
1898—1964
生于匈牙利,1938年定居美国,率先于1933年提出核链式反应的想法。

本文作者

安德鲁·梅
Andrew May

爱因斯坦签署的那封信促使富兰克林·D. 罗斯福启动研制核武器的项目。

呼吁和平

the 30-second theory

3秒钟速览

爱因斯坦是直言不讳的和平主义者,倡议裁军,支持拒服兵役,呼吁人们关注热核战争的危害。

3分钟详解

爱因斯坦唯一一次违背他的和平主张是在1933年希特勒掌权时,当时纳粹德国准备对其邻国比利时发动军事进攻。让时事评论员备感惊愕的是,爱因斯坦改变了他的和平论调,主张军事准备是应对纳粹侵略的唯一选择。《纽约时报》头条新闻的标题是:"爱因斯坦改变和平主张:建议比利时武装自己对抗德国侵略。"

1914年10月,第一次世界大战爆发后的2个月,包括普朗克在内的93名德国科学界人士发表了坚定支持德国的军事宣言——《致文明世界书》("93人宣言")。已是和平主义者的爱因斯坦被这个宣言所震惊,发表了"欧洲宣言"予以反击,要求立即结束战争。但他的努力石沉大海,只有四个人签字,不过爱因斯坦找到了新的使命,余生都为和平直言不讳地发声。他倡议完全裁军,支持所有国家的人们都不为国家而战。在1930年纽约市的一次演讲中,他说到只要"百分之二"的国民拒绝服兵役,政府就会被迫取消其战争计划。这个说法开始流行,全美国的和平主义者都在西装上佩戴写着"百分之二"英文的胸标。随着原子弹研究的推进,爱因斯坦在其中无意地起了一些作用,他对裁军的呼吁更加急迫。他最后的举措之一是,就在离世前一周,与哲学家伯特兰·罗素联名签署发表了"罗素—爱因斯坦宣言",强调核武器的危害并呼吁世界和平。

相关理论

给罗斯福的信　72页

3秒钟人物

伯特兰·罗素
BERTRAND RUSSELL
1872—1970
英国哲学家及和平主义者,他在第一次世界大战中因为拒绝参军服兵役而被判刑入狱。

本文作者

安德鲁·梅
Andrew May

爱因斯坦一生中的绝大多时候都在追求和平,在第二次世界大战后呼吁在全世界进行核裁军。

F.D. Roosevelt
President of the United States,
White House
Washington, D.C.

Sir:

Some recent work by
municated to me in m
ium may be turned int
mediate future. Cert
is call for watch
of the Administ

through
America
in a fa
it...

-2-

The United States has only very poor ores of uranium in moderate
quantities. There is some good ore in Canada and the former Czechoslovakia,
while the most important source of uranium is Belgian Congo.

In view of this situation you may think it desirable to have some
permanent contact maintained between the Administration and the group
of physicists working on chain reactions in America. One possible way
of achieving this might be for you to entrust with this task a person
who has your confidence and who could perhaps serve in an inofficial
capacity. His task might comprise the following:

a) to approach Government Departments, keep them informed of the
further development, and put forward recommendations for Government action,
giving particular attention to the problem of securing a supply of uran-
ium ore for the United States;

b) to speed up the experimental work, which is at present being car-
ried on within the limits of the budgets of University laboratories, by
providing funds, if such funds be required, through his contacts with
private persons who are willing to make contributions for this cause,
and perhaps also by obtaining the co-operation of industrial laboratories
which have the necessary equipment.

I understand that Germany has actually stopped the sale of uranium
from the Czechoslovakian mines which she has taken over. That she should
have taken such early action might perhaps be understood on the ground
that the son of the German Under-Secretary of State, von Weizsäcker, is
attached to the Kaiser-Wilhelm-Institut in Berlin where some of the
American work on uranium is now being repeated.

Yours very truly,

(Albert Einstein)

爱因斯坦的专利

the 30-second theory

我们认为爱因斯坦是一个不谙世事、只研究理论的人，但除了他在瑞士专利局的时光之外，他还有与发明创造有关的经历。爱因斯坦与物理学家利奥·西拉德共同申请了一款冰箱专利。冰箱的工作原理是蒸发吸热，当我们身上的汗蒸发时皮肤感到凉爽就是蒸发吸热原理的一个体现。在冰箱的早期，泵送的制冷剂是有毒的，制冷剂泄漏非常危险，曾在20世纪20年代毒死了柏林一户人家。这一悲剧启发爱因斯坦和西拉德研制一种没有运动机件的新型冰箱，在稳定的压力下运行，不需要传统冰箱的制冷压缩机，从而大大减少制冷剂泄漏的危险。尽管这款冰箱获得了许多专利（例如在美国的专利号为1781541A），但是该技术却没有广泛应用。不过这项专利技术仍然有用，它只需要一个热量源就能运作，这对电力供应不足或电力时断时续的情况来说非常合适。传统的冰箱使用制冷压缩机，而爱因斯坦和西拉德设计的制冷剂由两种材料混合而成：其中一种材料能够被轻易且迅速地从混合物中提取出来，这会导致压力突然下降，产生迅速的蒸发和降温效果。

3秒钟速览
爱因斯坦作为理论物理学家广为人知，但是他在1926年还与物理学家利奥·西拉德一同研究了一款新型冰箱。

3分钟详解
根据热力学第二定律，热量总是从温度较高的物体向温度较低的物体转移，冰箱似乎打破了这个定律。在冰箱里，热量从内部较冷的空间向较暖的外部流动。但是热力学第二定律有一个前提，那就是它只适用于封闭系统。因为能量从外部进入冰箱，就可以把内部的热量挤出去而不违反定律。

相关理论
统计力学探险　8页
从专利局技术员到发现相对论　42页

3秒钟人物
利奥·西拉德
LEO SZILÁRD
1898—1964
生于匈牙利，1919年加入德国籍，是一位伟大的技术发明家，独立发明了直线加速器、粒子回旋加速器、电子显微镜，以及和爱因斯坦共同研制了一种新型冰箱。

本文作者
布莱恩·克莱格
Brian Clegg

通过与利奥·西拉德共同研制了一款冰箱，作为专利局审核员的爱因斯坦也申请了自己的专利。

挑战量子力学①

挑战量子力学
术语

欧洲核子研究组织（CERN）　1952年，科学家提出在靠近瑞士日内瓦的瑞士和法国边境建立一座欧洲范围内的量子物理实验室。"CERN"是欧洲核子研究理事会（法语Conseil Européen pour la Recherche Nucléaire）的首字母缩写。到1954年机构成立时，它更名为欧洲核子研究组织（European Organization for Nuclear Research），不过这个名称的英文缩写"OERN"不易拼读，所以研究机构的通俗简称"CERN"仍然保留。欧洲核子研究组织实验室拥有诸多大型实验设施，最著名的是强子对撞机，并以"万维网"的诞生地而闻名于世。

量子退相干　量子可以处在量子叠加态中，例如对于一个处于量子叠加态上的量子自旋，量子自旋不再具备确定值，而是成为向上或向下的概率。然而，由量子构成的宏观物体又有"经典"行为，正如我们用经典物理学所预测的物体行为。这种"从量子行为转为经典行为"就是通过量子退相干来解释：量子与所处的环境系统相互作用使得量子行为消失。

量子纠缠　1935年，爱因斯坦和两个同事发表了一篇论文（《物理现实的量子力学描述能否被认为是完备的？》）中展示了一个几乎不可能的奇怪现象，对量子力学提出质疑。这个看似不可能的结果被奥地利物理学家埃尔温·薛定谔称为"量子纠缠"。量子纠缠说的是两个分开的量子可以达到这样一种状态：不论这两个量子分开多远距离，其中一个量子发生改变，另一个量子立马同时有相同反应。

隐变量　在量子纠缠下，假如我们能测得其中一个量子是向下旋转的，那另一个量子必定是向上旋转的。但是在测量前，两个粒子都处于量子叠加态，它们俩同时向上和向下旋转。拿我们有两只不同颜色的袜子来类比这一情境。如果我们把两只袜子分开，只看其中一只袜子的颜色我们立马就知道另一只的颜色。这两只袜子没有缠绕在一起——这个信息在情境中是已知的，但是"隐藏"起来的。爱因斯坦推断这种"隐藏性"同样适用于量子力学，像量子自旋方向这样的定量在纠缠的量子被分开前是固定的，但是是一种隐变量。之后的试验还没有找到隐变量存在的证据。

光子　量子力学是从光发射的能量是分段的这一观察结果发展起来的，分成的小段能量被称为量子。当量子概念被应用到更多的粒子时，就发明"光子"这一概念指代光的量子。光子这个定义当时已经被广泛用作视网膜照度的单位，但是美国化学家吉尔伯特·刘易斯在1926年《自然》杂志上建议将光子定义为光的量子。

量子诡异　这并不是一个正式的定义，只是用来反映量子力学世界的奇异本质。自相矛盾的是，虽然我们日常的宏观物体都是由量子所构成的，但是这些量子的行为模式却与我们所熟悉的宏观事物完全不同。

薛定谔波动方程　波动方程描述的是波随时间改变的数学方程。薛定谔波动方程描述了随时间变化，在某个特定的位置找到某个粒子的概率是如何变化的。

索尔维会议　比利时商人欧内斯特·索尔维资助了一系列的物理学和化学讨论会议。爱因斯坦参加了1911年第一届和后面几届物理会议。最著名的是1927年关于电子和光子的第五次会议，参加人员包括玻尔、玻恩、德布罗意、狄拉克、海森堡、泡利、普朗克和薛定谔，他们都是量子力学里大名鼎鼎的人物。索尔维会议至今仍在持续。

不确定性原理　该原理由海森堡提出，指出量子的某些特性是相互关联的，即某一属性测得的越准确，对另一个属性就知道得越少。最出名的一对属性就是量子的位置和速度。这是量子的基本行为方式之一。

给玻恩的信

the 30-second theory

1916至1955年间，爱因斯坦和他的朋友马克斯·玻恩互通了大量的书信，在信里他们讨论了当时的科学、政治和社会。在此之前，爱因斯坦坚定支持量子理论，也提出了许多基本概念。然而，在他和玻恩通信后，爱因斯坦开始感到怀疑，时间越长他越觉得怀疑，提出了许多著名的批判。对于量子纠缠，爱因斯坦写道："我真的不太相信量子理论，因为该理论不能与物理学需反映实在的时间和空间这一点保持一致，而不是相隔遥远的幽灵般的（一致）行为"。震惊于量子理论核心的随机性，爱因斯坦写道："我发现暴露于辐射中的电子应该自己按它的自由意志选择，不仅是它跃迁的时机，而且还有它的方向。若是这样，我更愿意做一个补鞋匠，甚至是赌场雇员，也不愿做一个物理学家。"爱因斯坦写给玻恩最著名的话——"量子理论说了很多，但是并没有让我们更接近上帝的秘密。无论如何，我都坚信上帝一定不是在掷骰子"。

3秒钟速览

爱因斯坦和量子物理学家马克斯·玻恩在40多年间通了很多封信，在这些信里他提出了对量子理论许多有名的批判，质疑量子理论的适用性。

3分钟详解

玻恩不可避免成为爱因斯坦批判量子物理学的目标，一方面是因为玻恩的研究领域就是量子理论，另一方面是因为玻恩的研究对诠释薛定谔波动方程、计算"粒子在各处被发现"的概率有直接影响。玻恩把概率论引入量子世界，暗示在观测前不可能精确地预知量子位置，只能预言某些可能结果的概率，这个理念让爱因斯坦感到震惊。

相关理论

隐变量　88页
EPR悖论　92页
量子纠缠的胜利　94页

3秒钟人物

马克斯·玻恩
MAX BORN
1882—1970
德国物理学家，量子理论发展的重要贡献者，并因此获得了1954年诺贝尔物理学奖。

本文作者

布莱恩·克莱格
Brian Clegg

在给朋友马克斯·玻恩的信中，爱因斯坦抱怨了量子理论的不确定性，他说如果这一点成立他宁愿做个鞋匠。

爱因斯坦窄缝实验

the 30-second theory

尽管爱因斯坦是量子理论的奠基者之一，但当量子理论似乎要求把现实建立在概率之上而不是某种确定值之上时，他对量子力学的怀疑与日俱增。接下来几年他都在设计思想实验挑战量子物理学家尼尔斯·玻尔，试图找出量子理论的错误。1927年，第五届索尔维会议在布鲁塞尔举办，展开对电子和光子的讨论。爱因斯坦想到一个思想实验，认为发现了量子物理的漏洞。他假设对着一个窄缝发射一束电子，因为电子具有波的性质，电子会发生衍射，扩散到窄缝后面曲面屏幕上的不同位置。根据量子理论，直到我们看到屏幕某个点被一个电子点亮，这个被观察到的电子可能出现在屏幕的任何位置，出现的概率由薛定谔波动方程确定。然而，爱因斯坦认为，如果实际结果果真如此，那么点亮屏幕的这个电子刚一到达屏幕就必须与屏幕的其他位置瞬间即时发生通信，只在这一个点发亮而屏幕其他地方不亮。这种瞬间的即时通信与狭义相对论相矛盾。玻尔并没有被说服，迅速反驳了爱因斯坦的论证。

3秒钟速览

爱因斯坦试图通过这样一个思想实验来证明量子理论的错误：电子要是能"处于多个位置"，那就得具备瞬间即时通信的能力。

3分钟详解

玻尔在对待爱因斯坦的论点上颇费了一番力气，他说道："我感觉我自己处在一个艰难的位置，因为我并不清楚爱因斯坦想要清楚表达的点在哪里。毫无疑问这是我的问题。"对玻尔来说这不存在问题，因为直到电子的某个位置真实确定之前它都是以一个集合概率的形式存在。说明屏幕的其他地方没有发光并不是确定的，因为其本身就是概率问题。

相关理论

给玻恩的信　82页
称重光子实验　86页
EPR悖论　92页

3秒钟人物

尼尔斯·玻尔
NIELS BOHR
1885—1962
丹麦物理学家，建立了第一个现代意义上的原子模型，促进了量子物理学的发展，并因此获得1922年诺贝尔物理学奖。

本文作者

布莱恩·克莱格
Brian Clegg

在索尔维会议的一个思想实验中，爱因斯坦提出相互干扰粒子的通信速度必须比光速还快。

称重光子实验

the 30-second theory

爱因斯坦与玻尔在1930年第六次索尔维会议上交锋。这次会议的主题是磁力，不过爱因斯坦花了些时间想了一个问题来挑战量子理论，并利用早餐的机会向玻尔提出。在爱因斯坦的这个思想实验中，他描述了一个装满光子的箱子，在盒子的一边有一个小孔，小孔上放一个快门。快门开启的速度非常短，每次开启仅能从小孔中发出一个光子。爱因斯坦在光子发出前后分别对盒子称重，根据这个光子的能量能够算出其质量，也就准确测出光子发出前后的质量差，同时他能够精确测出快门开关的时间。量子理论的一个基本原则是不确定性（测不准）原理，说的是对一个量子的能量知道得越多，对准确的时间知道得就越少，无法同时准确测得两者。玻尔一开始被这个问题困住了。一个目击者称爱因斯坦静静地从旁走开，带着"几分得意的笑"，玻尔却是大步流星离开了。但是第二天早上，玻尔就找到了爱因斯坦提出问题的漏洞，驳回了他提出的问题。

3秒钟速览

在第二次向量子力学发起的挑战中，爱因斯坦给玻尔提出一个思想实验，他本以为可以动摇不确定性（测不准）原理，但是玻尔却找出了这个思想实验的漏洞。

3分钟详解

为了找出爱因斯坦的错误，玻尔想到把盒子悬吊起来的具体试验场景，以此来称重。当光子从盒子中释放出来，盒子因为质量的改变轻度上移。玻尔利用爱因斯坦的广义相对论原理指出移动的时间变慢了，结合运动的速度是不确定的，因此，能量—时间不确定性仍然存在。

相关理论

给玻恩的信　82页
爱因斯坦窄缝实验　84页
EPR悖论　92页

3秒钟人物

欧内斯特·索尔维
ERNEST SOLVAY
1838 — 1922
比利时工业家，他赞助了一系列物理学界的标志性会议。

尼尔斯·玻尔
NIELS BOHR
1885 — 1962
丹麦物理学家，爱因斯坦的朋友，与爱因斯坦就量子理论进行了多年友好的争论。

本文作者

布莱恩·克莱格
Brian Clegg

在索尔维会议期间，爱因斯坦向玻尔发起了另一个挑战，涉及从"光盒"中发射一个光子对"光盒"质量的影响效果。

隐变量

the 30-second theory

如果抛一枚没有做过手脚的硬币，然后用手抓住后蒙住，我们预期出现正面的概率是50%，出现反面的概率也是50%。然而，事实上并非如此。在硬币被抛之前，出现正面或反面的概率是50∶50。但是现在硬币已经抛完了，朝上的这一面的概率应该是100%（不算立在手心里，当然你会知道⊖），不管是正面还是反面，朝下那一面的概率就是0，只是我们不知道究竟是正面还是反面朝上。这种情况的信息我们称之为"隐变量"。信息是内生于系统的，只是我们没法获得。尽管概率论这一工具让我们得出许多抛硬币的可能结论，这些硬币本身却不是概率的而是确定的。然而，量子态下的"硬币"，从字面上理解，在没有被观察到之前，完全以概率的形式存在。爱因斯坦不能接受这一点，他相信在概率形式底下的某个地方隐藏着真实的固定值，只是我们还没有发现而已。

⊖译者注。

3秒钟速览
某些显而易见的概率结果，比如抛硬币，抛出的结果是确定的，但在抛出的结果揭晓前却是"隐变量"。然而量子理论中却没有隐变量一说。

3分钟详解
物理学家约翰·贝尔想到了一种形象化隐变量的方法，称为"波特曼教授的袜子"。他的同事莱因霍尔德·波特曼经常穿颜色不成对的袜子。贝尔指出如果你在看到另一只袜子之前，在房子的某个角落看到波特曼教授的一只袜子，并且你看到的这只袜子是粉色的，那么你就知道波特曼教授的另一只袜子不是粉色的，即使你还没看见那只袜子。与量子不同，袜子可以有隐变量。

相关理论
给玻恩的信　82页
EPR悖论　92页
现实主义与现实　96页

3秒钟人物
约翰·贝尔
JOHN BELL
1928—1990
物理学家，在欧洲核子研究组织工作，发明了一种发现隐变量是否存在的方法。

莱因霍尔德·波特曼
REINHOLD BERTLMANN
奥地利物理学家，是约翰·贝尔在欧洲核子研究组织的亲密同伴。

本文作者
布莱恩·克莱格
Brian Clegg

正如抛了硬币等待结果揭晓，爱因斯坦认为量子也是一种隐变量，当它们被观测到时自然就知道其状态了。

1885年10月7日
出生于哥本哈根,生理学教授克里斯蒂安的儿子,母亲名为埃伦

1911年
获得哥本哈根大学博士学位

1911—1912年
在英国剑桥和曼彻斯特游学一年,这一年为之后提出原子模型奠定了基础

1913年
发表了"玻尔原子"模型

1914年
成为曼彻斯特大学物理学讲师

1916年
成为哥本哈根大学理论物理学教授

1920年
成为新成立的哥本哈根理论物理研究所所长

1922年
因提出原子结构模型获得诺贝尔物理学奖

1927年
在第五次索尔维会议上,爱因斯坦就量子理论向玻尔提出挑战

1935年
爱因斯坦的"EPR论文"给玻尔出了难题

1943年
为了逃避德国警察追捕通过瑞典来到英国,后来又前往美国

1962年11月18日
在哥本哈根去世

1965年
丹麦哥本哈根理论物理研究所更名为尼尔斯·玻尔研究所

1997年
第107号元素"𨨏"(Bohrium)以玻尔的名字命名

人物传略：尼尔斯·玻尔
NIELS BOHR

在2013年《观察家》报的十大物理学家评选中，尼尔斯·玻尔令人吃惊地排名第二，在爱因斯坦和伽利略之前。虽然这个排位有争议，但是玻尔是量子理论发展的核心人物这一点是毋庸置疑的。量子理论描述了原子、电子和光子等的行为。作为量子理论的核心人物，他经常与爱因斯坦就量子理论进行友好的辩论。在哥本哈根获得博士学位后，年轻的玻尔到英国工作了一年，期间与电子的发现者J.J.汤姆森共事过。更幸运的是，玻尔在曼彻斯特与热情洋溢的欧内斯特·卢瑟福也一起工作了一段时间，卢瑟福的研究小组已经发现了原子核。这一发现促使玻尔建立他的第一个原子的量子模型。

玻尔与德布罗意、海森堡和薛定谔一起处在量子理论发展的中心，他无暇顾及爱因斯坦对强大但神秘的量子理论的反对意见。爱因斯坦厌恶概率成为量子理论的核心这一思想，他相信在某一处隐藏着确定值，也就是所谓的隐变量。他在讨论会上向玻尔突然发难，为其准备了复杂的思想实验，爱因斯坦自认为这些思想实验能够证明量子理论的缺陷。玻尔通常当天把问题想通，在下午茶后带着解决方法回来。最后也是最大的挑战来自"EPR"，玻尔从未找到完整的解决方案，但是最终实验证据将证实爱因斯坦是错的。

玻尔有个习惯，当他构思脑海想法时总是踱来踱去，嘴里念念有词。有一次，玻尔在高等研究院的办公室里来回走动，他正在沉思量子理论的论证，慷慨激昂地念着"爱因斯坦"，恰好爱因斯坦本人悄无声息地进了玻尔的办公室准备借香烟抽。当爱因斯坦"蹑手蹑脚"地来到办公桌旁时，玻尔转过身来正好看到他的目标就站在他眼前，玻尔惊呼："爱因斯坦！"。亚伯拉罕·派斯见证了当时的情景，他说道："他俩就在那，面对面，就好像玻尔把爱因斯坦召唤来了。毫不夸张地说，玻尔一时不知该说什么。"

玻尔在哥本哈根理论物理研究所做了多年研究所所长。玻尔去世不久，1962年，该研究所更名为尼尔斯·玻尔研究所。他在这里探究量子理论的本质，持续不断地为物理学的发展做出贡献。尽管他很腼腆，有点难以理喻，但玻尔鼓舞了整整一代学生，不断深化我们对自然的理解。

布莱恩·克莱格
Brian Clegg

EPR悖论

the 30-second theory

爱因斯坦不能接受"哥本哈根"学派认为量子客体的某些性质直到被观测前是不确定的这一观点。1935年，他与鲍里斯·波多尔斯基和纳森·罗森发表了一篇论文，宣称"哥本哈根"学派的这一观点会导致一个明显站不住脚的矛盾点。他们假设有两个相互关联的粒子，彼此之间有不可磨灭的联系。根据哥本哈根学派的解释，这两个相关联的粒子在观察之前，实际上不存在固定的物理量值，比如说它们可能是两个光子的偏振态。观察其中一个粒子这一重要动作决定了另一个粒子的状态。但是观测其中一个粒子如何能够瞬即对另一个粒子产生影响呢？我们从理论上来说可以把这两个粒子放到非常远的地方来观测。如此的话，看起来就好像某种影响或信号被瞬时在上述非常远的距离间被传递。但是根据狭义相对论，任何速度都不会快于光速。薛定谔为这个爱因斯坦—波多尔斯基—罗森（EPR）实验中提到的两个粒子相互关联的状态起了个名字：量子纠缠。20世纪80年代，一项研究一对处于量子纠缠态下的激光光子的实验证实"EPR"关联的确存在。

3秒钟速览

爱因斯坦—波多尔斯基—罗森实验（EPR）是一个思想实验，设计这个实验是为了说明脱离"实在论"研究量子的性质会导致明显悖论。

3分钟详解

"EPR"实际上并不与爱因斯坦的狭义相对论相冲突，因为尽管观测一个粒子本质上确实会影响（确定）另一个的状态，但是缺少从一个粒子（的位置）把信息传递到另一个粒子这一过程，另一个粒子的状态永远无法确定，而这个信息传递的过程不可能比光速快。这两个粒子并不是真正的"沟通交流"；而是它们的性质必须被认为是不受粒子位置束缚的，这称为量子非定域性。

相关理论

隐变量 88页
量子纠缠的胜利 94页

3秒钟人物

鲍里斯·波多尔斯基
BORIS PODOLSKY
1896—1966
俄裔美籍物理学家，在普林斯顿大学与爱因斯坦共事。

纳森·罗森
NATHAN ROSEN
1909—1995
以色列裔美籍物理学家，他对广义相对论的研究工作得出了时空中"爱因斯坦-罗森桥"的假设，后被称为虫洞。

本文作者

菲利普·波尔
Philip Ball

一对量子纠缠态的粒子，对其中一个粒子的观测会对另一个产生瞬时影响，不论这两个粒子相距有多远。

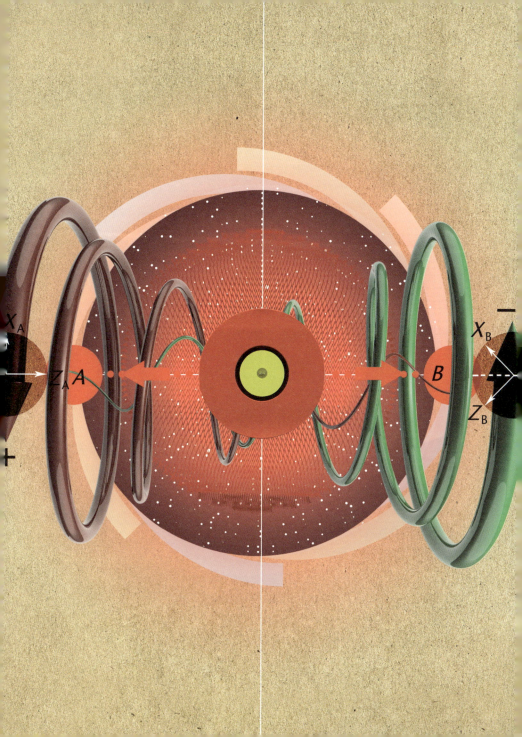

量子纠缠的胜利

the 30-second theory

3秒钟速览

尽管爱因斯坦确信"EPR"实验会击溃量子理论,但一项理论检测和一项实验验证表明量子纠缠的确存在,而且也没有隐变量。

3分钟详解

阿斯佩实验要求光子探测器一秒能变换数百万次方向。这在机械技术上看来是不实际的,所以他转而采用水的折光率来进行研究。当光子进入受压的水中再穿出时方向会发生改变,光子在受压时撞击一个探测器,在不受压时以不同角度撞上另一个探测器。压力的改变是由振动换能器造成的,振动换能器是一种扬声器变体设备。

有了"EPR"实验,爱因斯坦认为他对量子物理的有效性发出了不可战胜的挑战,但是两名物理学家通过实验证明爱因斯坦的观点可能是错的。第一个人是约翰·贝尔,他写了一篇少有人读的论文,展示了一个间接测量方法,可以说明在一定距离内的纠缠态粒子是否会相互影响,换言之,是否存在隐变量。另一个科学家是阿兰·阿斯佩,他在喀麦隆做了三年援助工作者,期间读到了贝尔的论文。在阿斯佩返回法国后,他设计了一项实现纠缠态光子的实验,可以在一秒钟内在数百万个方向进行测量,这一点是贝尔的理论所要求的。这些改变发生得如此之快,以至于纠缠态中的一个光子无法从另一个光子接收信息,所以当这两个光子之间发生"沟通"的话就是由量子纠缠造成的。实验结果表明,信息瞬即从一个光子传递到另一个光子。自那以后,许多实验都证实了以传统的沟通方式无法做到的量子纠缠效果。他们得出的结论是,量子纠缠和"量子诡异"的情况确实存在。

相关理论

隐变量　88页
EPR悖论　92页
现实主义与现实　96页

3秒钟人物

约翰·贝尔
JOHN BELL
1928—1990
物理学家,就职于欧洲核子研究组织,发现一个检验隐变量是否存在的测试方法。

阿兰·阿斯佩
ALAIN ASPECT
法国物理学家,第一个明确证实量子理论所预测的量子纠缠现象。

本文作者

布莱恩·克莱格
Brian Clegg

法国物理学家阿兰·阿斯佩发明了一项实验来检验约翰·贝尔的预测,同时证明了量子纠缠真实存在。

现实主义与现实

the 30-second theory

3秒钟速览

爱因斯坦不能接受一些量子理论先驱提出的"我们通过观察到的现象来决定世界是什么"这一概念,他始终认为在表象下面一定有固定的现实性。

3分钟详解

量子理论令人困惑的方面是,包含特定位置和状态的物体的经典物理世界,是如何从量子物理的世界中冒出来的。这种从量子世界到经典物理世界的转换现在大多用"量子退相干"来解释。量子退相干指的是量子系统在与其环境相互作用后,"量子性"逐渐消失。随着系统越来越庞杂,这种相互作用越来越显著,越来越复杂。所以,是量子退相干,而不是规模本身,产生了经典物理学。

某些哲学家和神秘主义者长久以来都认为,我们所见的世界并不是真实存在的。然而量子理论似乎坚定支持更奇怪的认知:直到我们看见,否则问"那里"有什么都没任何意义。20世纪20年代,帕斯库尔·约尔当与玻尔一起研究定义量子世界观,他们宣称"观察不仅干扰了被测量的物体,观察还产生了该物体。我们给量子粒子强加了一个确切的位置"。这种观点难道不是科学的对立面么?科学主张的是我们能够通过实验证实的客观现实性。这也是爱因斯坦对量子现实性感到不适的原因。他曾这样表达他的疑虑,"月亮是否只在我们看着它时才存在?"他跟马克斯·玻恩说道:"量子机制的描述,必须被当作现实性的一种不完整和间接的描述。"他猜想总有某种"隐变量"赋予量子确定性,即使这种"隐变量"我们还不能找出。但是20世纪70年代以来的实验,使建立某种基于隐变量的理论越来越难以吻合观察结果,大多数物理学家现在已经摒弃了隐变量的观点。至于月亮,当我们不看它时似乎也有"东西"在天上,但确确实实是由我们的观察所决定的。

相关理论

爱因斯坦窄缝实验
84页

隐变量 88页

EPR悖论 92页

3秒钟人物

马克斯·玻恩
MAX BORN
1882—1970
德国物理学家,量子领域先驱,他的想法与爱因斯坦非常合拍,常常与爱因斯坦探讨量子现实性、量子伦理等方面的问题。

帕斯库尔·约尔当
PASCUAL JORDAN
1902—1980
德国物理学家,与玻恩和海森堡一起研究量子机制的具体应用。

本文作者

菲利普·波尔
Philip Ball

考虑到量子效果取决于观察者,爱因斯坦问道,如果没人看月亮,那么月亮是否就不在那里?

广义相对论

广义相对论
术语

绝对异地 因为光速是绝对速度极限，如果一个物体要想对另一个物体产生影响，则必须在有效时间内使一束光能够从第一个物体到达另一个物体。举个例子，想象一下在距离地球2光年外有一个炸弹，这个炸弹能够被激光解除。但炸弹设定于1年后爆炸。这就使在炸弹爆炸前将其解除成为不可能。在这种情况下，爆炸就位于地球的"绝对异地"。处于绝对异地的事件是光速无法达到的时空领域，所以处于绝对异地的初始事件与所对应的时空点永远无法形成因果关系。

时间之矢 时空定义为三维空间加入另一维，即时间维度。但是时间是独特的，有一个从过去到未来的清晰方向——时间之矢。许多物理过程是可逆的，它们在向前或向后的时间方向上都能成立。但是根据热力学第二定律，一个封闭系统里的熵不会减少，它提供了一个清晰的时间之矢，就像不能从一杯奶茶里分离出牛奶。

黑洞 恒星燃料耗尽，自我坍缩成为必然，最后变成一个没有维度的点，这个点就是黑洞。黑洞是爱因斯坦广义相对论的最早的预言之一。如果距离黑洞足够近，时空被弯曲到甚至连光都无法从中逃出。

微积分 由牛顿和莱布尼茨分别独立发明。微积分是一种研究变化的数学工具，分为微分和积分。微分研究变化率和相对变化，积分被用来计算某段取值范围的求和，例如几何图形面积、体积求和等。微积分对物理学至关重要，在数值发生系统性变化的情况下有着广泛的应用。

微分方程 指含有未知函数及其导数的关系式，是微积分的具体运用。微分方程通常表述了某种变化的速率，或者某一变量的数值如何随其他变量的变化而变化。

广义协变性 物理学家更认可物理定律是广义协变的，意思是不论在哪个坐标系中表达运动，定律都能保持一致。狭义相对论并不符合这一点，因为它只适用于惯性参考系——被观察的系统与观察者进行稳定的运动。广义相对论"拿掉"了需要一个特别参考系的条件，所以具有广义协变性。

矩阵 由数字或者其他数学项组成的二维数组，用一些巧妙的操作可以对矩阵进行加法和乘法等数学运算。

时空 在狭义相对论中，爱因斯坦展示了空间和时间的关系，二者你中有我、我中有你，使得创造一个由三维的空间加上时间维度的四维空间具备有效性。对于广义相对论，爱因斯坦想到具有质量的物体弯曲时空，这要求对时空的曲度进行分析。

张量微积分 微积分在19世纪时被改进用于计算复杂关系式的局部偏导数（偏微分法）和矢量场的变化。多维空间的每个点都具有数值和方向，可以用矢量微积分计算。但这些方法对于广义相对论来说还不够，因此爱因斯坦需要引入张量微积分。"张量"是数学结构，通常是矩阵的形式，显示不同的矢量和标量如何联系起来。张量微积分适用于多维空间，因为空间中每个点都有一个矢量。

突破惯性系

the 30-second theory

狭义相对论可以描述相对于观察者相对静止或做匀速直线运动的物体。观察者和物体都存在于一个惯性参考系（简称惯性系）。然而，很难把狭义相对论运用到物体受力改变速度或者方向的情况里，例如坠入引力场的物体。这个物体现在处于加速参考系中。对狭义相对论来说，一个加速参考系必须与惯性系区别对待。适用于狭义相对论的物理公式在加速参考系中的形式与在惯性系中不一样。使用非线性坐标系改写狭义相对论的公式，也可以处理加速参考系的研究问题，比如描述粒子在电场和磁场中的运动。然而，狭义相对论建立在对所有的观察者而言光速恒定的原则上，但是把狭义相对论应用到加速参考系时这一点未必成立。广义相对论就在爱因斯坦试图把狭义相对论原理拓展应用到加速和引力时应运而生。

3秒钟速览
狭义相对论在涉及加速运动和引力的情形下失效。

3分钟详解
名字里有什么玄机？狭义相对论开始并不叫这个名字，那时爱因斯坦在他的论文《论动体的电动力学》提出这一理论。直到后来，爱因斯坦提出广义相对论来补充修正他之前的研究，才开始使用狭义相对论这个名字。为什么呢？因为正如爱因斯坦自己写道："狭义相对论适用于不考虑引力场的特殊情形"。

相关理论
论动体的电动力学
46页
人物传略：赫尔曼·闵可夫斯基
51页
时空弯曲　108页

3秒钟人物
伽利略·伽利雷
GALILEO GALILEI
1564—1642
意大利天文学家，率先意识到世界的基本规律应当在任何地方都一样，换句话说，在所有的参考系中都一样。

艾萨克·牛顿
ISAAC NEWTON
1643—1727
英国物理学家，他的运动定律建立了惯性系的概念。

本文作者
利昂·克利福德
Leon Clifford

对于一个匀速移动的观察者来说，物理学定律是不变的；但是当他加速运动时，这就不再成立了。

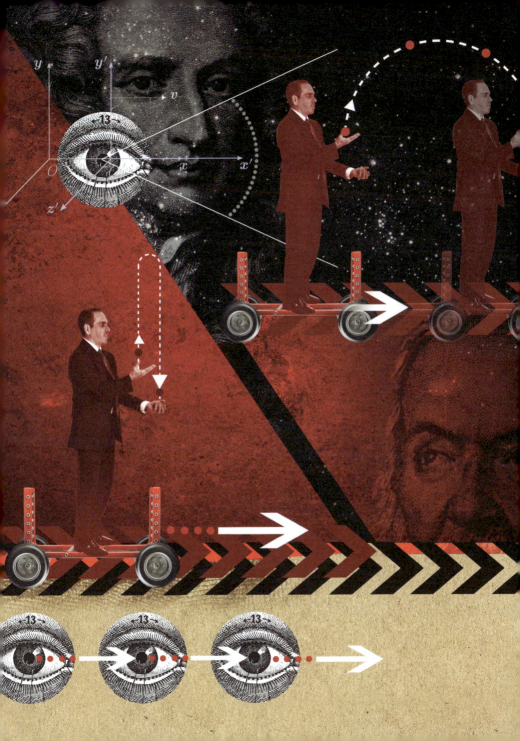

最快乐的想法

the 30-second theory

爱因斯坦广义相对论起源于他后来称之为的"最快乐的想法",是他在瑞士专利局工作时突然想到的。爱因斯坦意识到,如果一个人从高楼坠落,他的加速运动能够抵消重力,他"失重了"(飞机自由下坠,所谓的"呕吐彗星"号训练机,模拟这种情况来创造失重体验)。加速运动和重力这两者的效果是不可分辨的,这就是等效原理。这意味着假如你在一艘没有窗户的宇宙飞船里,飞船在均匀加速,你会被推到飞船的后部,就像飞机起飞前在跑道上加速时我们被推向椅背的感觉。但是如果这艘飞船被尾部朝下竖立放置在某个星球上,重力也会产生一样的加速效果,你也会有被推向后部的感觉,你无法从你所处的位置来区分你是在加速中还是仍然停在星球上。这种加速和重力的等效性对于理解重力是由于时空弯曲而产生至关重要。

3秒钟速览

在爱因斯坦"最快乐的想法"中,他发现加速运动与引力的效果是不可分辨的,这个想法引导他发现引力的本质。

3分钟详解

爱因斯坦说道:"我当时正坐在伯尔尼瑞士专利局办公室的椅子上,突然一个想法冒出来:如果一个人自由下落,他将感受不到自己的重量。我被自己吓了一跳。这个简单的想法给我留下了深深的印象。它激励我得出一个关于重力的理论"。这就是为什么宇航员能在太空中漂浮。他们以自由落体状态坠向地球,但是也会左右摇晃,如此一来就会与地面擦肩而过。

相关理论

从专利局技术员到发现相对论　42页
突破惯性系　102页

3秒钟人物

伽利略·伽利雷
GALILEO GALILEI
1564—1642
意大利自然哲学家,发现了早期等效原理,匀速运动和静止是"不可分辨"的。

亚伯拉罕·派斯
ABRAHAM PAIS
1918—2000
荷兰裔美籍物理学家,爱因斯坦的传记作家。他通过引用一篇未发表的论文分享了爱因斯坦"最快乐的想法"这一评论。

本文作者

布莱恩·克莱格
Brian Clegg

在"呕吐彗星"号和空间站中,一个下落的人感受不到重力,这一现象给爱因斯坦"最快乐的想法"以灵感。

变重的钟

the 30-second theory

爱因斯坦预测重力会延缓时间。要明白这其中的原理,我们想象爱丽丝和本两个人在一个加速的火箭中,爱丽丝在头部,本在尾部。爱丽丝和本互相发射光脉冲,测量每次脉冲的间隔时间他们可以各自测量时间流逝的速度。假定爱丽丝向本发射了两束光脉冲,她测出两次脉冲之间的时间间隔。本在火箭尾部接收到两个脉冲信号;但是因为火箭在两次脉冲之间的这段时间间隔内在做加速运动,接收到两次脉冲信号的时间会比爱丽丝测得的时间短。假设爱丽丝测得她发出的两次时间间隔是2秒,本测量的时间间隔可能是1秒。本的时间显得比爱丽丝的时间要慢,因为他的一秒钟更长。根据等效原理,对于加速的火箭成立的情况对在引力场中静止的火箭一样成立。如果火箭竖立在星球上,本的时钟仍然比爱丽丝的时钟走得慢,因为本的引力场强度更强。因此,重力会延缓时间。

3秒钟速览

爱因斯坦提出的等效原理告诉我们,在一个更强的引力场中时间流逝会变慢;所以地球上的时钟会比国际空间站上的时钟走得慢。

3分钟详解

我们用全球定位系统(GPS)来进行卫星导航,这个系统必须考虑到地球上的时钟比卫星上时钟走得更慢这一因素,因为地球上的时钟处在一个更强的引力场中。如果我们没有修正这一点,系统会给出错误的定位,定位功能将失效。

相关理论

长度、时间和质量
54页
最快乐的想法
104页
时空弯曲 **108页**

3秒钟人物

约瑟芬·海福乐
JOSEPH HAFELE
1933—2014
美国物理学家,与理查德·基廷在1971年把原子钟带上飞机来检测爱因斯坦的两个关于时间的理论:一个是狭义相对论的时间延缓效应,另一个是时间在较弱的引力场中流逝得更快。

本文作者

罗德里·埃文斯
Rhodri Evans

在一艘加速的飞船中,钟表走得更慢;在重力作用下应该(也确实是)有相同的效果。

时空弯曲

the 30-second theory

狭义相对论对于研究加速的运动和引力有局限性，但是爱因斯坦相信物理学原理应该对所有情形都适用，包括在加速参考系中和在引力场中。这意味着公式、物理量度（比如时间和距离、速度和加速度）用数学语言来表述的话应该是广义协变的，也就是说不论在哪个坐标参考系中物理定律都是一致的。问题是狭义相对论的数学与欧几里得几何发生矛盾。比如说，想象一个旋转的圆盘，根据狭义相对论，这个圆盘的圆周会缩小，这样似乎改变了圆周率 π 的值。数学家马塞尔·格罗斯曼提出解决这个问题的方法是采用非欧几何来框定（解释）相对论的原理。欧几里得几何建立在两点之间直线距离最短的公理上。在非欧几何中，空间弯曲的两点之间的最短距离是一条穿过曲面的线路，被称为短程线（测地线）。爱因斯坦和格罗斯曼关键的"洞见"是把引力看成非欧几何时空中的弯曲（曲率），换句话说，他们把引力场看成弯曲的时空。

3秒钟速览
把引力想象成"时空薄膜"的弯曲，爱因斯坦克服了狭义相对论的局限性。

3分钟详解
把时空想象成二维的，就像我们熟悉的三维空间被压缩到纸面的一边上（一维空间），时间是与其垂直的纸面另一边。把具有质量物体想象成"坐"在纸面上的，这是狭义相对论的时空。把纸换成橡胶薄膜，具有质量的物体会陷下去，使橡胶薄膜变形，弯曲成另一个新的维度。这是广义相对论的时空。

相关理论
论动体的电动力学
46页

人物传略：赫尔曼·闵可夫斯基
51页

3秒钟人物
乔治·弗里德里希·波恩哈德·黎曼
GEORG FRIEDRICH BERNHARD RIEMANN
1826——1866
德国数学家，发展了非欧几何，适用于曲面空间的几何。

马塞尔·格罗斯曼
MARCEL GROSSMAN
1878——1936
匈牙利数学家，他把研究曲面的非欧几何理论介绍给爱因斯坦。

本文作者
利昂·克利福德
Leon Clifford

像太阳这样质量巨大的物体将时空弯曲，所以像地球这样质量相对较小的物体做直线运动时，是沿着曲线运动的。

1882年12月28日
出生于英格兰湖区的肯达尔

1902年
本科毕业于曼彻斯特欧文斯学院

1903年
获得剑桥大学三一学院的数学奖学金

1905年
在剑桥大学获得硕士学位

1906年
在格林尼治皇家天文观测台做首席助理

1907年
被选为剑桥大学三一学院研究员

1913年
成为剑桥大学天文学终身教授

1914年
被任命为剑桥大学天文台台长

1916年
在第一次世界大战期间被免除兵役

1919年
在日全食中测量了星光的弯曲现象

1923年
出版了教材《相对论的数学理论》

1928年
出版了著名的《物理世界的性质》

1930年
英国国王乔治五世授予他骑士爵位

1944年11月22日
卒于剑桥

人物传略：亚瑟·爱丁顿

ARTHUR EDDINGTON

亚瑟·爱丁顿在英语世界引起了人们对爱因斯坦广义相对论的关注，同时在1919年日全食时取得了支持广义相对论的重要证据，在把爱因斯坦从"学术小咖"推向国际名人这件事上，亚瑟·爱丁顿比任何人都做得多。

爱丁顿的学术背景使他特别能够理解爱因斯坦众所周知的复杂理论。1902年，年仅19岁的爱丁顿获得物理学一等学位，三年后获得数学硕士学位。然而，他既没有去做物理学家也没有去做数学家，24岁时他在格林尼治天文台做助理天文学家。把他物理、数学和天文学三个领域的专业知识相结合，他成了英国最初且重要的天文物理学家之一。1914年，他入选英国皇家学会，同年被任命为剑桥大学天文台台长。

在践行和平主义上，他和爱因斯坦如出一辙。1916年，英国强制征兵，他因所研究的天文物理学具有国家战略意义而被免除服兵役。这一点的真实性有待考证，但是他所做研究的重大科学影响是毋庸置疑的；研究范围从探究恒星的内部构造到星团的动态运动。爱丁顿第一次接触广义相对论也是在1916年，他立刻就意识到了该理论的重要性。

爱因斯坦预测太阳会使光弯曲，这一点可以在日全食的时候检验。爱丁顿决定成为这项检验的第一人，1919年5月他精心组织了探险队前往巴西和远在非洲的一个岛上。爱丁顿仔细分析了观察结果，六个月后向英国皇家学会宣称爱因斯坦的理论通过了验证。令所有人——包括爱丁顿和爱因斯坦——吃惊的是，新闻界喜欢这个另类的新闻故事，很快就在全世界登上了头版。有意或无意，爱丁顿制造了当时的"爱因斯坦热"。

爱丁顿余生都是爱因斯坦相对论的"热情推广者"。在爱丁顿去世前不久，他的著作《相对论的数学理论》(《数理论相对论》) 得到了爱因斯坦的盛赞——"是在所有语言中对相对论最好的展示与表达"。爱丁顿也写了许多通俗科普著作，比如《物理世界的性质》，创造了"时间之矢""绝对异地"等令人难忘的短语，试图让大众能够对爱因斯坦的复杂理论有所理解。在1930年被授予爵士爵位，1944年去世。

安德鲁·梅
Andrew May

需要新的数学理论

the 30-second theory

广义相对论需要用到非欧几何以及弯曲的时空,这些难以用传统的数学理论对其进行表述。这原本可能是限制广义相对论发展的一大主要障碍,幸运的是,19世纪期间,数学家们发展了恰好就是爱因斯坦所需的理论。广义相对论需要对复杂的张量数组进行处理。矩阵可以在欧几里得空间内描述从一个状态到另一个状态的数学转换,张量可以在非欧几何空间内描述这种转换。而且张量更加灵活,可以处理引力场导致的时空弯曲变化。这是一种具有特殊性质的复杂数学实体,需要用专门的符号表达,还需要把微积分扩展到张量领域来研究。处理张量所需解决的张量的性质、符号表达以及张量微积分原理,在爱因斯坦需要时都已经被研究出来了。在马塞尔·格罗斯曼的帮助下,爱因斯坦掌握了张量微积分,用一组"优雅"的数学公式充分地表达了他的理论。

3秒钟速览

广义相对论是一项具有高度开创性的理论,以至于爱因斯坦需要一种独特的数学理论来描述其中的物理公式。

3分钟详解

物理学家有个习惯,通过纯数学给模模糊糊的想法找个解释。詹恩斯·克拉克·麦克斯韦方程组把"虚数"推到舞台上。爱因斯坦发现非欧几何和张量微积分对他的理论非常适用。保罗·狄拉克把现代理论家建立的一种形式非常专业化的代数用到他的理论中。有些物理学家相信,数学与现实之间的联系非常深刻。隐藏在单纯的数学定理中还会有哪些物理学新发现呢?

相关理论

时空弯曲　108页
引力场方程　116页

3秒钟人物

埃尔温·布鲁诺·克里斯托弗尔
ELWIN BRUNO CHRISTOFFEL
1829—1900
德国数学家和物理学家,发明克里斯托弗尔符号来描述张量,广义相对论使用了该符号体系。

沃耳德玛·福格特
WOLDEMAR VOIGT
1850—1919
德国物理学家和数学家,他运用张量来表达广义相对论中使用到的矩阵式的复杂数学实体。

本文作者

利昂·克利福德
Leon Clifford

广义相对论利用了弯曲空间几何学和称为张量的多维数学实体。

希尔伯特的挑战

the 30-second theory

爱因斯坦并不是唯一研究广义相对论的科学家，德国数学家戴维·希尔伯特当时也正在进行这方面的研究。希尔伯特非常热衷于用不变的形式表达物理定律的数学挑战，让定律的数学表达式在所有情形下都保持一致。这样就意味着物理定律，不像狭义相对论那样有局限性，应该在不同的参考系中都成立，而不依赖某一种特定的坐标系，这种性质被称为广义协变性。希尔伯特追求得出相对论中具备广义协变性方程式这一数学挑战。希尔伯特的方法是建立在数学定理上，而与其不同的是爱因斯坦把这个挑战当作物理问题来处理。希尔伯特与爱因斯坦彼此相识，经常交流，也互相非常了解对方的研究。他们几乎同时得出各自的广义相对论的场方程式。希尔伯特先于爱因斯坦提交了他的论文初稿，但是爱因斯坦的论文先发表问世。爱因斯坦为广义相对论的研究工作做出了大量的基础工作，但是希尔伯特却是第一个想到如何解决关键的最后一步的人。至于他们俩相互有多少影响以及希尔伯特的研究是否帮助了爱因斯坦解决问题，都无法说得清楚。希尔伯特从来没有为自己对广义相对论"邀过功"。

3秒钟速览
德国数学家戴维·希尔伯特几乎与爱因斯坦同时得出了广义相对论的场方程式。

3分钟详解
在19至20世纪之交，物理学为相对论的建立已做好了准备。许多数学家和物理学家都在为爱因斯坦最终提出的理论而努力。不出意外的话，即使没有爱因斯坦巨大的学术努力，也终会有某个人提出相对论。如果历史发生一点点偏转，我们现在可能说的就是亨德里克·洛伦兹狭义相对论和戴维·希尔伯特广义相对论。

相关理论
时空弯曲　108页
需要新的数学理论　112页
引力场方程　116页

3秒钟人物
恩斯特·马赫
ERNST MACH
1838—1916
奥地利物理学家，他提出宇宙层面上的大尺度结构影响物理定律，这个想法启发了爱因斯坦。

戴维·希尔伯特
DAVID HILBERT
1862—1943
杰出的德国数学家，他对构建现代数学理论有促进作用。

本文作者
利昂·克利福德
Leon Clifford

爱因斯坦与伟大的德国数学家戴维·希尔伯特赛跑，看谁成为完成广义相对论的第一人。

引力场方程

the 30-second theory

爱因斯坦1915年发表的四篇论文概括出了广义相对论，这些研究以一篇名为《引力场方程》的短论文达到顶峰，这篇短论文为广义相对论建立了切实可行的数学方程式。论文从张量出发得出10个方程式，爱因斯坦认为这些方程式都具有广义协变性，即在所有的参考系和坐标系中都成立。从数学上来讲，这些方程可以写成一组非线性偏微分方程，用以描述时空的弯曲。这些方程式符合基本物理定律，包括能量守恒定律和动量守恒定律。这10个方程式是非线性的，意味着它们并不总是有解，例如像两个黑洞相互绕转的情形下方程无解，此时时空弯曲非常剧烈并且不断变化。当引力场非常弱时，时空弯曲不明显，方程组可以简化为与狭义相对论相一致。当引力场较弱，速度远远小于光速时，方程组可以简化到等价于牛顿定律。

3秒钟速览
10个相互关联的方程构成了广义相对论的核心，描述了因质量和能量弯曲时空形成的引力场。

3分钟详解
爱因斯坦的广义相对论解决了一个一直困扰科学家的天文学之谜。水星的轨道不符合牛顿定律的预测——当水星运行到离太阳最近的近日点时，近日点进动值比牛顿定律预测的要快。爱因斯坦的广义相对论方程准确地解释了水星在轨道上神秘的进动值差异现象。

相关理论
黑洞　124页
宇宙常数　130页
统一场论　140页

3秒钟人物
艾萨克·牛顿
ISAAC NEWTON
1643—1727
英国物理学家和数学家，他的运动定律描述了行星绕着太阳运行的轨道。

乔治·佛朗西斯·埃利斯
GEORGE FRANCIS ELLIS
南非物理学家，他发现了具有宇宙学意义的引力场方程式新解。

本文作者
利昂·克利福德
Leon Clifford

爱因斯坦引力场方程的第一次成功运用就是完美解释了水星运行轨道与牛顿理论预测的差异。

爱丁顿实验

the 30-second theory

根据爱因斯坦弯曲时空的理论,来自遥远恒星的光线经过太阳时应被太阳引力弯曲偏转,虽然偏转的角度很小但可测量。在某些假设条件下,牛顿的万有引力理论也预测了这种光线偏转,但是偏转值是爱因斯坦理论预测值的一半。通过测量实际的偏转角度差异,就可以验证这两个理论哪个更正确。1916年爱因斯坦向天文学家提出了测量比较的挑战,但需要一个契机,必须在日全食期间才能获取必要的观测数据,只有日全食期间其他恒星的光线才能在太阳附近被观测到。下一次合适的日全食发生在1919年5月29日,"日全食路径"从南美洲延伸至非洲赤道区域。英国天文学家亚瑟·爱丁顿组织了两支探险队,一支被派往南美洲巴西的索布拉尔,他亲自率领另一支前往非洲海岸的普林西比岛。克服了普林西比岛多云天气和索布拉尔的炎热等不利因素,这两支探险队最终取得了成功,爱丁顿宣称爱因斯坦的理论更胜一筹。

3秒钟速览

1919年,爱丁顿在一次日全食期间测量出星光偏转角度,首次通过实验证实爱因斯坦广义相对论。

3分钟详解

尽管当时人们广泛认可爱丁顿的观察结果支持爱因斯坦的理论而不是牛顿的理论,但实际上爱丁顿的观测数据离证据确凿还差很远。爱丁顿拍摄的所有照片都不能完全还原当时的情况,大部分情况下其误差幅度都能同时包纳爱因斯坦和牛顿的理论预测。平均偏转角度非常接近爱因斯坦理论的预测值,其后的许多观测数据更加肯定了爱因斯坦的理论。

相关理论

时空弯曲 108页
引力透镜 126页

3秒钟人物

亚瑟·爱丁顿
ARTHUR EDDINGTON
1882—1944
英国天文物理学家,科普工作者,广义相对论的支持。

本文作者

安德鲁·梅
Andrew May

亚瑟·爱丁顿通过在日全食期间观测太阳附近恒星的视位置发生偏转来验证广义相对论。

爱因斯坦的宇宙

爱因斯坦的宇宙
术语

BICEP2望远镜　位于南极的BICEP2（宇宙银河系外极化背景成像）望远镜是一个用来研究宇宙微波背景辐射极化现象的高灵敏度电磁波望远镜。

脉冲双星　脉冲星是快速旋转的中子星，是恒星坍塌后形成的高密度星体，随星体旋转发出规律的电磁脉冲信号，就像灯塔一样。有些脉冲星有一个伴星，形成脉冲双星。这种脉冲双星的脉冲频率循环增加或减少，使它们成为引力波的潜在来源。

宇宙微波背景辐射　大约在宇宙大爆炸的38万年后，宇宙冷却到足以形成不带电的原子，使得光第一次可以自由穿梭。从那以后，光的旅行就一直持续开来。用来探测这种远古辐射的探测器显示，这种辐射在所有方向都是均匀分布的，其中微小的波动被认为反映了孕育星系的早期变化。

宇宙常数　爱因斯坦得出的引力场方程式表明宇宙应当是不断扩张的。爱因斯坦在公式中加入一个常数，用希腊字母"Λ"（*lamda*）表示，来表示增加额外的引力，以在方程中"避免宇宙扩张发生"。实际上，修正后的这个常数被认为体现了致使宇宙加速扩张的暗能量。

暗能量　自从20世纪早期人们便知道宇宙是在不断扩张的，但是最近的研究显示宇宙在加速扩张。这种加速扩张需要"某种能量"来驱动，这种能量被称为暗能量。然而目前对此还没有很好的解释。暗能量大约占据了整个宇宙68%的质量和能量。

暗物质　暗物质是一种假设的物质，只通过引力与其他物质发生相互作用。如果没有电磁相互作用，暗物质是看不见的，它们无声无息穿过物质。暗物质的存在是通过天文现象推测出来的，尤其是银河系旋转的如此之快，如果没有大量暗物质的存在，"银河系会四分五裂"。据估计，宇宙中暗物质总量是物质的五倍，物质仅占宇宙总质量和能量的27%。

干涉测量法 通过干涉两束光束进行测量。当同频率但来自不同方向两束光交汇时，光波或者加强形成一个明亮区域，或者抵消形成一片黑暗区域。利用从不同的长距离发射彼此垂直的光束，科学家可以通过切换干涉模式寻找环境中影响这些光束的细微差异。

类星体 类星体又称为准恒星天体，指的是距离非常远的电磁辐射极亮光源，通常比整个银河系还要明亮。类星体被认为是遥远距离外超重黑洞中心吞噬物质时释放的辐射。大多数类星体最早追溯到 **120**多亿年前。

奇点 如果一颗恒星坍缩形成一个黑洞，剩下的实体就是一个奇点，恒星的整个质量都压缩到这个无限致密的点上。奇点的存在是推测出来的，因为现行的物理规律在这种条件下完全失效。

超新星 超新星是由恒星爆炸形成的，其亮度远远超过原来的恒星，把恒星一生释放的相等能量在几个月内释放出来。当一个超大恒星坍塌，或者当恒星吸入更多的物质（例如恒星吸入另一个环绕的星星）时，发生热核反应爆炸，从而形成超新星。某些超新星被用作"超级烛光"测定遥远星系的距离。

弱核力 自然界中有四种力：强核力、弱核力、电磁力和引力。在核裂变和放射性衰变时经常有弱核力的参与，其作用结果是一种量子粒子转化为其他的一种或者多种量子粒子。

黑洞

the 30-second theory

早在18世纪时，科学家已经意识到，质量非常巨大的物体（例如一个超大的恒星）的引力场强劲到光（那时光被认为由粒子构成）都无法逃逸。但是当20世纪初，爱因斯坦的广义相对论代替了牛顿的万有引力理论时，事实看起来更加奇怪了。爱因斯坦引力场公式预测，当一个超大恒星燃料耗尽，再也不能辐射出能量来支撑其质量，恒星会在自身引力作用下坍缩至极大密度。在一定的质量极限之上，没有什么能够阻挡持续的坍缩，直到所有质量都集中到一个极小的称为"奇点"的点上。此时引力场将其范围内的时空极度弯曲，任何东西即使是光都无法从里面逃脱。任何进入坍缩恒星表面范围内的物体都将被困在黑洞中，压碎于无形。这个观点难以被人理解，刚开始时无法获得广泛接受，直到广义相对论在20世纪60年代成为热点研究课题，这种物体才被命名为"黑洞"。当今的天文观测有力地支持在大多数星系的中央区域都有质量巨大的黑洞存在的观点。但是要等到将量子力学和广义相对论相统一的理论问世时，对黑洞才能有一个完整的理论认知。

3秒钟速览
黑洞是已经"熄灭"了的巨大恒星在自身引力作用下坍塌形成一个（理论上）密度无限大的点，连光都无法从中逃脱。

3分钟详解
英国物理学家史蒂芬·霍金在20世纪70年代宣称黑洞并不是"黑"的，也不是宇宙的"死胡同"。因为事件视界存在量子效应，黑洞会辐射能量，逐渐耗尽其质量直到最终消失。这种"霍金辐射"至今还未被探测到。霍金的理论还预测了"迷你"黑洞的存在，它们的质量只有几微克（1微克=百万分之一克）。

相关理论
时空　56页
虫洞　134页

3秒钟人物
苏布拉马尼扬·钱德拉塞卡
SUBRAHMANYAN CHANDRASEKHAR
1910—1995
印度天体物理学家，是恒星引力坍缩理论的先驱，努力对抗对该理论过分的批评和嘲讽。

约翰·惠勒
JOHN WHEELER
1911—2008
美国理论物理学家，20世纪晚期复兴广义相对论的核心人物，据说是他创立了"黑洞"一词。

本文作者
菲利普·波尔
Philip Ball

黑洞是广义相对论最早的预言之一：一颗恒星极度弯曲时空，以至于光都无法从中逃逸。

引力透镜

the 30-second theory

第一次广义相对论的实验验证发生在1919年，亚瑟·爱丁顿发现光的弯曲程度与爱因斯坦的引力场方程一致。1924年，俄莱斯特·奇沃尔松指出背景处星体的光会在前景物体周围形成一个光圈，前景物体起到了引力透镜的作用。1936年引力透镜现象被爱因斯坦量化，1937年弗里兹·兹维基发现星系团可以作为背景物体的引力透镜，使其成为可观测的现象。1979年，引力透镜现象在一对孪生类星体被发现时被观测到，这两个类星体有相同的光谱红移。起初科学家认为是两个独立的类星体，经过仔细分析后，观测者实际上看到的是同一个类星体的两幅引力透镜成像，透镜由前景星系团产生。20世纪90年代中期，单个星系的引力透镜现象被观测到，这种透镜被称为微引力透镜。与一般透镜不同的是，引力透镜的最大弯曲出现在作为透镜星系的中心附近，透镜的曲率可以用来测量透镜星系的质量。另外，就像一般物体，引力透镜成像的物体可以被放大，使我们能够看到原本太昏暗而难以被发现的遥远物体。

3秒钟速览

因为引力弯曲时空，处在前景位置的物体可以作为背景物体的引力透镜，形成并放大多个图像。

3分钟详解

引力透镜提供了一种测量物体质量的方式，也是星系和星系团主要由看不见的暗物质构成理论的主要支撑证据之一。我们使用星系团不同位置的引力透镜可以描绘出其中的暗物质分布。

相关理论

时空弯曲　108页
爱丁顿实验　118页

3秒钟人物

俄莱斯特·奇沃尔松
OREST CHWOLSON
1852——1934
俄国物理学家，1924年成为第一个发表文章说明引力透镜的人。

弗里兹·兹维基
FRITZ ZWICKY
1898——1974
瑞士天文学家，1937年提出星系团可以产生可观测的引力透镜。他还是第一个提出暗物质的科学家，也是在1937年。

本文作者

罗德里·埃文斯
Rhodri Evans

类似星系这样的巨大质量物体能够像透镜一样弯曲光线，有时会产生同一个物体的多张图像。

引力波

the 30-second theory

当爱因斯坦于1916年提出广义相对论时，他很快察觉到一个非凡的结论。正如光波和无线电波之类的电磁波是在电荷振荡时产生的一样，具有强大引力场的质量巨大的物体也应当在弯曲时空同时产生波纹涟漪。换句话说，它们应该激发引力波，在引力波中压缩和延展时空。只有当涉及的物体质量足够巨大、运动足够剧烈的振动幅度才能被探测到：例如一颗恒星爆炸形成超新星，或者两个黑洞发生碰撞。引力波很大程度上都被视作一种猜测，直到20世纪60年代人们发现引力波为人们打开了一扇观察宇宙剧烈高能事件的窗户，这一点很像用射电和X射线发现新的宇宙天体一样。探测引力波非常困难，因为引力波只能使时空变形差不多10^{-8}米（10纳米）。但是现在的探测器通过记录光束在几公里长的通道内来回往返时，与引力波相互作用发生的干涉变化来探测引力波。虽然还没能真正看到引力波，但是大多数研究人员都相信最终会发现它。

3秒钟速览

引力波是指弯曲时空中的涟漪波纹，广义相对论预测了它的存在。引力波源自超级质量物体的高能量天体事件。

3分钟详解

宇宙形成的开端——大爆炸，应该产生了"最初的"引力波。虽然至今还未能直接探测到，但是可以预言大爆炸的引力波在宇宙背景辐射中留下了印记，即大爆炸的余晖。位于南极点的BICEP2望远镜在2014年宣称发现了大爆炸的引力波，产生了极大的轰动，然而后来该发现被证伪。

相关理论

时空弯曲　108页
黑洞　124页
引力透镜　126页

3秒钟人物

雷纳·韦斯
RAINER WEISS
德裔美国物理学家，他提出可以用干涉测量法探测引力波。

约瑟夫·胡顿·泰勒
JOSEPH HOOTON TAYLOR
美国天文学家，在20世纪70年代观测和发现脉冲双星，为引力波提供了间接的证据。

本文作者

菲利普·波尔
Philip Ball

引力波探测器使用两两垂直极长光束来探测时空的变形扭曲。

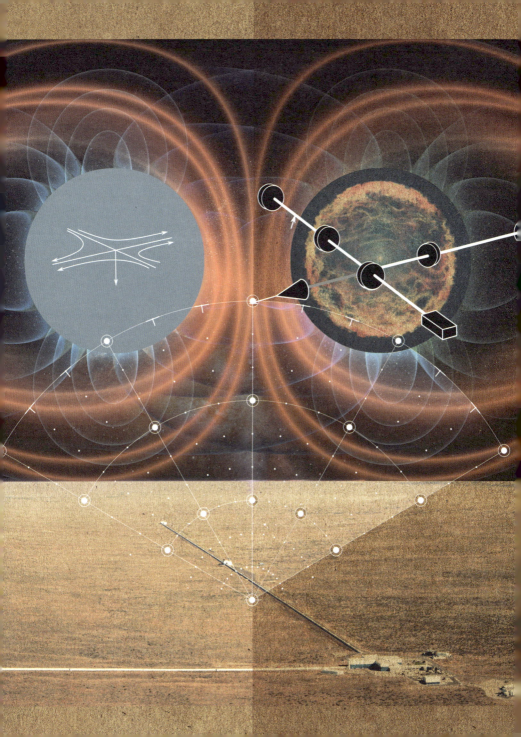

宇宙常数

the 30-second theory

1917年，爱因斯坦注意到他的引力理论预测了一个非静态宇宙。在那时主流观点认为宇宙是静态的；爱因斯坦因此引入了宇宙常数——加入到广义相对论引力方程中的一个额外的值，以该值作为理论上的"力"来抵消引力，从而使宇宙是静态的。1929年，爱德文·哈勃发现宇宙正在不断扩张，这使得爱因斯坦放弃宇宙常数的概念，并称引入宇宙常数是他一生中最大的错误。宇宙常数的概念直到20世纪90年代才被基本废弃。然而，1998年两组科研团队宣称宇宙正以越来越快的速度膨胀这一惊人发现。他们把宇宙当今的膨胀速率与当其大约是现在一半年龄时的膨胀速率相比较。科学家之前以为由于引力作用膨胀速度应该减慢。但与此相反，他们发现当今宇宙的膨胀速率比过去要快。加速膨胀被认为是暗能量导致的。尽管还有其他的解释，对暗能量最流行的解释就是爱因斯坦的宇宙常数。

3秒钟速览
爱因斯坦引入宇宙常数来得到一个静态宇宙的模型，但是目前宇宙常数所反映的那个作用力可能解释了为何宇宙在加速膨胀。

3分钟详解
如若用宇宙常数表示暗能量，其优势是体现了宇宙本身的性质。我们发现当宇宙年龄不到现在的一半时，它的膨胀速度确实慢下来了，但是随着宇宙不断膨胀，宇宙常数——暗能量——成为主导力量，宇宙开始加速膨胀。多种理论预测宇宙膨胀的速度将会越来越快。

相关理论
时空弯曲　108页
引力透镜　126页
不断膨胀的宇宙　132页

3秒钟人物
爱德文·哈勃
EDWIN HUBBLE
1889—1953
美国天文学家，指出星系正远离我们的速度与它们距离我们的距离直接相关。

迈克尔·特纳
MICHAEL TURNER
美国理论天体物理学家，宇宙常数的提倡者之一，他创造了"暗能量"一词。

本文作者
罗德里·埃文斯
Rhodri Evans

美国天文学家爱德文·哈勃发现了宇宙膨胀，随后发现它在加速膨胀。

不断膨胀的宇宙

the 30-second theory

20世纪头几年里,维斯托·斯里弗在亚利桑那州的洛厄尔天文台工作,他发现从光线的多普勒频移来看,大多数旋涡星云都在远离我们。20世纪20年代早期,爱德文·哈勃指出旋涡星云实际就是我们银河系外的其他星系。1929年,哈勃还发现距离越远的星系远离速度越快:距离我们两倍的星系远离我们的速度也是两倍。对此最简单的解释就是宇宙正在不断扩张,所有的星系都在相互远离彼此。自从有了这个发现就有了以下的问题:宇宙膨胀会永远持续么?引力的吸引作用最终会终结宇宙膨胀使宇宙崩塌么?这些问题现在似乎已经有了答案,正如所有人预期的,1998年科学家发现宇宙膨胀的速度一直未减,反而是在不断加速膨胀。这种加速膨胀被归因为宇宙常数——爱因斯坦1917年在广义相对论方程中加入的一个排斥力。随着宇宙扩张,宇宙常数的决定性影响将会越来越重,使宇宙的膨胀率永远增加,看不出有什么机制可以让这种加速停下来。

3秒钟速览

不断膨胀的宇宙未来会如何发展还不得而知,但是最近的研究证据表明,由于宇宙常数效应,宇宙膨胀的速度会越来越快。

3分钟详解

如果宇宙一直加速膨胀,那么从其他星系传来的光最终将发生非常大的"红移",以至于变得难以观测。甚至每个星系、恒星和原子都将被分裂,这被称之为"大撕裂"。

相关理论

时空弯曲　108页
黑洞　124页

3秒钟人物

乔治·勒梅特
GEORGES LEMAÎTRE
1894—1966
比利时数学家,第一个提出宇宙始于最初非常致密状态的爆炸——大爆炸理论。

亚当·里斯
ADAM RIESS
美国天体物理学家,他使用超新星作为"标准烛光"来测量宇宙的膨胀率。

本文作者

罗德里·埃文斯
Rhodri Evans

基于膨胀率,宇宙可能最终会再次收缩,像现在这样继续膨胀,或是以更快的速度扩张。

虫洞

the 30-second theory

虫洞，也被称为爱因斯坦-罗森桥，在科幻小说中很常见，但在现实中可能不存在，而广义相对论却使其在理论上成为可能。虫洞是在20世纪30年代被提出，它利用黑洞对时空的扭曲来连接宇宙中不同时空的两个地点。对虫洞的一个通俗解释是把时空想象成一张二维的纸张（显然还有其他维度，但是我们为了举例说明方便把其他维度搁置不议）对折。本来从纸张上端的中点到纸张下端的中点要横穿整张纸，然而如果能从对折纸张的上面直接钻到下面，两个点之间的距离便消失了。理论上讲，黑洞的反面——"白洞"，就有这种"对折"时空的能耐，使毫发无损地穿过虫洞成为可能。迄今为止，除了大爆炸这个例外，我们还没有白洞存在的证据，但这是一种令人遐想的可能。

3秒钟速览
虫洞是基于广义相对论猜想的一种理论应用，起初被称为爱因斯坦-罗森桥，在弯曲的时空中连接两个相距遥远的地点。

3分钟详解
如若虫洞真的存在，相对论预测它会在任何东西完全通过之前崩塌。要一直保持这座"桥（洞）"，需要相反的能量，类似于被认为引起宇宙加速扩张的暗能量。如果存在虫洞，从一端迅速达到固定的另一端，产生相对论的时间差异，就可以创造出一个可能回到过去的"时间机器"。

相关理论
时空弯曲　108页
黑洞　124页
惯性系拖曳效应和时空旅行　136页

3秒钟人物
纳森·罗森
NATHAN ROSEN
1909—1995
以色列裔美国物理学家，"EPR"论文的著作者之一，爱因斯坦-罗森桥概念的主要提出者。

基普·索恩
KIP THORNE
美国物理学家，专注于研究相对论及其天体物理学推论，包括虫洞。

本文作者
布莱恩·克莱格
Brian Clegg

虫洞提供了时空中两点的理论连接方式，而这是由物体对时空的扭曲造成的。

惯性系拖曳效应和时空旅行

the 30-second theory

当爱因斯坦得出他的广义相对论引力场方程时,他也考虑了一些衍生效应。其中一个效应源于狭义相对论,说的是当一个物体运动时,因为其自身质量的改变,在与其运动方向垂直的方向上产生了一个细小的引力效应。如果这个运动物体是旋转运动的,这种效应称为"惯性系拖曳"效应。这有点像在一罐蜂蜜中转动勺子,当勺子旋转时,会拖拽它周围的蜂蜜,产生一个微型旋涡。类似地,在惯性系拖曳效应中,旋转的物体会拖拽它周围的时空。如果这个物体的质量非常大,可能以非常快的速度旋转,比如中子星。有人认为这种情况下时空将会发生极度扭曲,围着旋转物体绕圈可能实现时光倒流。美国物理学家罗纳德·马莱特声称用旋转激光束(也能产生微小的拖曳效应)制造惯性系拖曳效应可以在实验室里产生小幅的时间干扰。另一些人质疑马莱特所采用的理论,同时质疑激光能否产生足够大的拖曳效应。至今这个想法还没能够被实验证实。

3秒钟速览

"惯性系拖曳"效应是广义相对论预测的一个现象,当一个物体旋转产生时空旋涡扭曲时,会在该物体的垂直方向形成一个小的拖曳引力。

3分钟详解

惯性系拖曳效应被美国宇航局(NASA)历时最长的项目"引力探测器B"项目——所证实。该项目1962年提出,2004年卫星发射升空,2011年发回第一批探测结果。该实验装备了4个由镀铌的石英球制作的超高精度陀螺仪。到2011年,一项后来的实验已经证实了惯性系拖曳效应,美国宇航局便不再资助引力探测器B项目,但是民间资助使得该实验得以完成。

相关理论

突破惯性系　102页
时空弯曲　108页
虫洞　134页

3秒钟人物

弗朗西斯·埃弗里特
FRANCIS EVERITT
斯坦福大学物理学家,毕生投身于"引力探测器B"项目。

罗纳德·马莱特
RONALD MALLETT
美国物理学家,他对广义相对论的研究使他发现一种可能的方法来实现他儿时建造时光机器的梦想。

本文作者

布莱恩·克莱格
Brian Clegg

当一个质量巨大的物体旋转时,惯性系拖曳效应使其拖曳周围的时空一起旋转。

1911年7月9日
出生于美国佛罗里达州杰克逊维尔

1927年
获得位于巴尔的摩市的约翰霍普金斯大学的奖学金

1933年
获得物理学博士学位

1934年
到哥本哈根与尼尔斯·玻尔共事

1938年
成为普林斯顿大学的助理教授

1942年
参与曼哈顿计划，帮助研发原子弹

1945年
在第二次世界大战结束后重返普林斯顿大学

1949年
被政府召回，参与氢弹研发

1967年
使"黑洞"一词流行起来

1973年
联合撰写了讲述广义相对论的巨著《引力》一书

1976年
成为得克萨斯大学理论物理学系的主任

1986年
以名誉退休教授返聘普林斯顿大学

1988年
获得阿尔伯特·爱因斯坦学会颁发的爱因斯坦奖

2008年4月13日
卒于美国新泽西州

人物传略：约翰·惠勒

JOHN WHEELER

约翰·阿奇博尔德·惠勒为推广爱因斯坦的广义相对论立下了汗马功劳，使广义相对论从多年无名的小众研究课题跃升为物理学的主流。惠勒还让广义相对论最著名的一个结论——黑洞，变得众所周知。

年轻的惠勒算是一个神童，16岁时获得大学的录取奖学金，21岁获得博士学位。一年后他到了哥本哈根，与20世纪最伟大的人物之一尼尔斯·玻尔共事。1938年，他被聘为普林斯顿大学物理学助理教授，这就使他和爱因斯坦同在一个城市。爱因斯坦当时正在普林斯顿大学高等研究院教学。他们俩成了好朋友，惠勒偶尔会和他的学生在爱因斯坦家举行研讨会。

惠勒职业生涯早期的兴趣点在核物理，1939年他与尼尔斯·玻尔共同写了一篇关于核裂变模型的论文。对核物理的兴趣不可避免使他参与了旨在发明原子弹的曼哈顿计划。惠勒在华盛顿州的汉福德原子能工厂工作，在那里研究制造原子弹所需的化学同位素的核反应堆。

当惠勒在第二次世界大战后回到普林斯顿时，他又在1949年被政府召回，这次是参与更具威力的氢弹的研发工作。其中的一项延伸计划，称为"马特洪峰计划"，就在普林斯顿进行，因而惠勒可以在他的政府供职之外，自由地持续从事学术研究。20世纪50年代早期，他开了一门教授广义相对论的课程，当时人们对广义相对论几乎是闻所未闻。他还经常与年迈的爱因斯坦讨论"统一场论"的可能性，统一场论试图将电磁力和引力都统一到广义相对论中。

正是通过惠勒的努力，广义相对论逐步成为主流物理学的教学内容，至少是进入到大众的想象中。人们常说惠勒在1967年第一次使用"黑洞"一词，然而黑洞在美国科学促进会1964年的一次会议上被其他人率先使用。我们并不确定谁是第一人，但是惠勒的确是使黑洞一词流行起来的人。他长寿的余生中一直是爱因斯坦理论的坚定拥护者。惠勒在2008年过世，享年98岁。

安德鲁·梅
Andrew May

统一场论

the 30-second theory

爱因斯坦对物理学的两大贡献——量子概念和广义相对论,但这两者却是不兼容的。第一个导致了量子力学理论在微观的层面上精确地描述世界;另一个在宇宙宏观层面成功地描述了世界。量子力学和广义相对论都从"场"的角度解释电磁力和引力,但是这两个理论却不能融为一体。爱因斯坦花了许多年试图将二者融合但未能成功,当代的物理学家们仍在设法解决这个问题。1928年著名物理学家保罗·狄拉克成功地将狭义相对论和量子理论相结合,接着在20世纪70年代科学家把弱核力加了进去。但所有试图将引力纳入其中的尝试都以失败告终。物理学家还无法像把詹姆斯·克拉克·麦克斯韦的电磁场方程量子化那样,将广义相对论的引力场方程量子化。物理学家设想存在一种量子引力子,类似量子化电磁力的光子概念,但是至今还无人发现引力子。科学探索永不止步。

3秒钟速览
把广义相对论和量子理论相结合的统一场论是物理学的"圣杯",但也像圣杯一样至今还没被发现。

3分钟详解
爱因斯坦曾在描述他关于量子振动的想法时说过"一切都是振动的"。这句话可能比他说的时候所想的更能揭示真相。有些科学家支持所谓的弦理论,认为它可以帮助统一量子理论和广义相对论。弦理论把粒子描述成极细小的振动的弦,不同振动模式产生不同的粒子。在该模型下,整个宇宙都是由振动的弦组成的。

相关理论
引力场方程 116页
引力波 128页
人物传略:约翰·惠勒 139页

3秒钟人物
詹姆斯·克拉克·麦克斯韦
JAMES CLERK MAXWELL
1831—1879
物理学家,他统一了电、光和磁。

保罗·狄拉克
PAUL DIRAC
1902—1984
英国物理学家,他统一了狭义相对论和量子力学,开创了量子电动力学(QED)。

本文作者
利昂·克利福德
Leon Clifford

量子理论成功地解释了微观世界里非常小的引力,广义相对论解释了宇宙尺度下大规模的引力,但是这两个理论目前并不兼容。